U0499301

生计资本与养殖决策行为：

基于母牛养殖的实证

李旭君　王明利◎著

SHENGJI ZIBEN YU
YANGZHI JUECE XINGWEI
JIYU MUNIU YANGZHI DE SHIZHENG

中国财经出版传媒集团
经济科学出版社
Economic Science Press
北京

图书在版编目（CIP）数据

生计资本与养殖决策行为：基于母牛养殖的实证/李旭君，王明利著 . -- 北京：经济科学出版社，2023. 10
ISBN 978 - 7 - 5218 - 5274 - 5

Ⅰ. ①生…　Ⅱ. ①李…②王…　Ⅲ. ①母牛 - 养牛业 - 农户 - 生产决策 - 研究　Ⅳ. ①F326.3

中国国家版本馆 CIP 数据核字（2023）第 203338 号

责任编辑：汪武静
责任校对：王肖楠
责任印制：邱　天

生计资本与养殖决策行为：基于母牛养殖的实证
李旭君　王明利　著
经济科学出版社出版、发行　新华书店经销
社址：北京市海淀区阜成路甲 28 号　邮编：100142
总编部电话：010 - 88191217　发行部电话：010 - 88191522
网址：www. esp. com. cn
电子邮箱：esp@ esp. com. cn
天猫网店：经济科学出版社旗舰店
网址：http：//jjkxcbs. tmall. com
固安华明印业有限公司印装
710 × 1000　16 开　13 印张　190000 字
2023 年 10 月第 1 版　2023 年 10 月第 1 次印刷
ISBN 978 - 7 - 5218 - 5274 - 5　定价：68. 00 元
（图书出现印装问题，本社负责调换。电话：010 - 88191545）
（版权所有　侵权必究　打击盗版　举报热线：010 - 88191661
QQ：2242791300　营销中心电话：010 - 88191537
电子邮箱：dbts@ esp. com. cn）

　　本书得到"国家现代农业产业技术体系项目（CARS - 34)"和国家自然科学基金重点项目"基于可持续发展的畜牧业现代化路径与政策支持体系研究（72033009)"的资助，同时得到农业农村部畜牧兽医局、全国畜牧总站以及地方相关部门在调研和数据收集等方面提供的帮助，在此一并表示感谢！

前言
Preface

    农业强国的重要基础是农业生产系统的良性循环,肉牛产业是保障中国农业生产系统良性循环的枢纽产业。母牛养殖规模直接决定着牛源的多少,是保障肉牛产业可持续发展的基础。但由于母牛养殖具有一次性投入大、周期长、周转慢等特点,追逐高利润的企业,往往不愿意投资母牛养殖,只有具备一定禀赋的农户才从事母牛养殖,换言之,生计资本是养殖户母牛养殖决策行为的重要依据。研究生计资本及其对母牛养殖决策行为的影响机理及程度,从而有针对性地提高养殖户的生计资本水平,是稳定母牛养殖的重要抓手。

    本书基于农户行为理论、可持续生计理论和要素禀赋理论等,采用全国肉牛生产定点监测数据以及在定点监测范围内对宁夏回族自治区、四川省、山东省和内蒙古自治区的调研数据,运用耦合协调度模型、Double‐hurdle 模型、Probit 模型等适宜的计量经济学分析方法,对养殖户生计资本水平、结构和耦合协调度进行了测度,并从养殖户是否养殖母牛、母牛养殖规模以及母牛养殖主推技术采纳等决策行为入手,开展了养殖户生计资本与母牛养殖决策行为间关系的实证研究。在前述实证分析结果的基础上，结合调研获取的生产实践信息，探寻提升养殖户母牛养殖积极性的可行路径，并提出如下政策建议：一是创新金融工具，加大母牛养殖的金融支持力度；二是多途径开发各类饲草料资源，提升饲草料保障能力；三是重视社会资本的培育与维护，提高养殖户对母牛养殖主推技术的认知；四是加强技术的指导与培训，提升养殖户人力资本水平；五是科学设定肉牛产业补贴标准，加大母牛养殖政策支持力度。

相较于以往研究，本书的创新点有三点。其一，研究表明农户生计资本也是驱动养殖决策变化的重要因素。传统的农户行为理论强调农户决策目的仅仅是追求经济利润最大化，但随着农户生计资本水平的多元化和差异化，生计禀赋也会影响农户的生产决策行为，农户会选择与自身生计资本水平、结构等相匹配的决策。其二，将生计资本理论引入母牛养殖经济行为与决策研究，补充了母牛养殖经济行为领域的研究内容。现有研究对母牛生产的经济行为分析尚处于空白。母牛养殖具有一次性投入大、生产周期长、单胎繁殖等突出特点，与其他畜种的养殖有所区别，本书能够为此类经济行为的研究提供一定的补充。其三，系统构建了我国肉牛养殖户生计资本综合评价体系，测算了我国肉牛养殖户的生计资本水平、耦合协调度等。本书通过熵值法和德尔菲法相结合的方式，对肉牛养殖户生计资本指标进行了赋权，尽量避免了赋权过于依赖数据信息或过于依赖主观经验。从不同区域、不同养殖模式等角度测算了肉牛养殖户的生计资本水平和耦合协调度，并对养殖户生计资本结构加以区分，从整体上把握了当前我国肉牛养殖户的生计状况。

本书内容是国家现代牧草产业技术体系（CARS－34）和国家自然科学基金重点项目"基于可持续发展的畜牧业现代化路径与政策支持体系研究（72033009）"的主要研究成果。本书从生计资本水平、结构、耦合协调度多角度对养殖户母牛养殖决策行为进行了分析，揭示生计资本对是否养殖母牛、母牛养殖规模以及母牛养殖技术采纳的影响，聚焦如何提高养殖户母牛养殖积极性开展了全面深入的研究。虽然在分析过程中，力求客观严谨，但由于数据资料和研究时间的限制，难免存在一定的不足之处，望读者给予宝贵意见和建议，以便我们在以后的研究中不断改进和提高。

李旭君

2023 年 6 月于北京

目录
Contents

第1章

CHAPTER 1

绪　　论

1.1　研究背景

　　党的二十大强调保障粮食和重要农产品稳定安全供给始终是建设农业强国的头等大事。牛肉作为高蛋白、低脂肪的动物性食品,在中国居民的饮食结构中逐渐占据重要地位。根据国家统计局的数据,1979 年我国人均牛肉表观消费量①为 0.24 千克,2021 年增加至 6.59千克,年均增长率达到 8.27%。改革开放四十多年来,在"菜篮子"工程等一系列支持政策的推动下,我国肉牛产业体量大增。肉牛产业作为畜牧业的重要组成部分,在满足人们消费需求、促进农牧民增收、巩固脱贫攻坚成果、推进地区乡村振兴等方面都发挥了重要作用。近年来随着国内牛肉消费需求的不断增长,国内市场供给明显乏力,供需矛盾导致牛肉进口急速增长(高海秀等,2019)。据《中国畜牧兽医年鉴》数据显示,2013 年之前中国牛肉年平均进口量不超

---

　　① 表观消费量是指当年国内肉牛产量加上净进口量。

1

过 2 万吨，2013 年以后中国牛肉进口量开始快速增加，到 2021 年达到 233.29 万吨。中国已成为世界上最大的牛肉进口国，且进口数量还在不断增加（刘京京，2019）。为保障国内牛肉有效供给，减少对国际市场的依赖，2021 年农业农村部出台了《推进肉牛肉羊生产发展五年行动方案》，明确提出到 2025 年，牛羊肉自给率保持在 85% 左右，牛肉产量稳定在 680 万吨左右。

母牛作为肉牛产业的基础，养殖规模的稳定增长对提高肉牛存栏量、稳定国内牛肉供给具有重要意义（王明利，2018）。但由于母牛养殖周期长、周转慢、一次性投入大，追逐高利润的企业，往往不愿意大量投资母牛养殖，只有具有一定禀赋的农户才从事母牛养殖。但是当前我国肉牛养殖户的母牛养殖积极性不高，母牛存栏量处于低位水平，直接影响了牛源的多少，制约了我国肉牛产业的发展和牛肉产品的有效供给。在这样的背景下，加快发展母牛养殖业势在必行。

1.1.1　母牛存栏量处于低位水平，动摇肉牛产业发展基础

近年来，我国母牛养殖户比重在一段时间内出现严重下滑，母牛存栏量处于低位水平。据全国肉牛生产定点监测数据显示，2021 年我国母牛存栏量为 3 516 万头，较 2010 年的 4 121 万头，下降 14.6%。母牛资源紧缺导致犊牛和架子牛价格快速上涨，犊牛、架子牛的购买支出成为肉牛育肥户的主要成本，根据全国肉牛生产定点监测数据的计算，犊牛架子牛成本约占养殖总成本的 60%～70%。高海秀等（2018）的研究表明，与南美洲国家相比仔畜费和饲喂费是推高我国肉牛生产非要素成本的主要成本项目，严重影响了我国肉牛产业的国际竞争力。母牛存栏量不足，导致肉牛产业发展徘徊不前，

严重制约了我国肉牛产业健康发展。不仅是中国，许多国家和地区都面临着母牛存栏量下降的问题。美国农业部公布的数据显示，2020年美国母牛存栏量为 3 010 万头，相较 20 世纪 90 年代 4 500 万头母牛存栏量，下降了 33.11%。美国政府采取了多项措施来支持和鼓励母牛养殖，例如开展"牛群恢复计划"等，为养殖户提供母牛养殖补贴和奖励、加强对母牛养殖的支持和监管、推广科学养殖技术和管理等，以稳定国内牛肉供给。欧盟为提升养殖主体养殖母牛的积极性，解决母牛存栏下滑的问题，在共同农业政策（2014~2020）中提出给予养殖户 150 欧元/头的母牛产犊补贴。母牛存栏量不足会动摇肉牛产业发展基础，是肉牛产业发展亟待解决的突出问题。

1.1.2 母牛养殖具有特殊性，生产与市场存在严重错位

母牛养殖具有一次性资金投入大、生产周期长、资金周转慢、风险高的突出特点，且常面临融资难、成本高的困境，具有较高的进入门槛（高海秀等，2019）。母牛繁殖与猪等一胎多仔的畜种不同，母牛通常是单胎繁殖，且牛的生长周期漫长。母牛从怀孕产犊到犊牛成长到架子牛阶段需要约 20 个月，而肉牛育肥环节，通常 4~5 个月就能实现资金周转。在这样的情况下，养殖主体往往不愿意进入繁育环节，更倾向于进入育肥环节，肉牛产业链便出现了"繁养脱节"的问题。为充分调动母牛饲养积极性，2014 年农业部和财政部以增加基础母牛数量，推进母牛适度规模养殖为目的，在 15 个主产省份启动肉牛基础母牛扩群增量项目。中央财政安排 9.4 亿元资金，采用"母牛存栏定主体、新增犊牛定资金"的原则和"先增后补"的方式实施补贴，着力调动饲养母牛积极性。虽然该项目在 2017 年停止实

施，但部分地方政府仍延续这一原则，实施了地方层面的母牛养殖补贴政策。与此同时，近年来肉牛市场行情上涨，传导到母牛养殖端，使得母牛养殖效益也大幅提升，农业农村部监测数据显示，2021年繁育户出售一头300千克架子牛平均纯收益约为6 115.36元，全程自繁自育户出栏一头500千克肉牛平均纯收益约为8 766.37元，母牛养殖经济效益较为可观。在政策支持引导、市场行情好转的情形下，母牛养殖的积极性理应大幅提高，然而事实是，母牛存栏量情况仍不容乐观，2021年我国肉牛能繁母牛存栏量较2010年仍下降了约15%，反映出母牛养殖存在生产与市场严重错位的问题（高海秀等，2019），母牛养殖积极性不能单纯依靠外部因素来调动，还与生产者自身禀赋密切相关。

1.1.3 农户是母牛养殖的主要力量，生计资本是母牛养殖决策的重要依据

当前我国98%以上的母牛和小牛养殖依赖农户，农户是母牛养殖的核心主体（曹兵海，2012）。这主要是由于母牛养殖生产周期长、资金周转慢，且需要精细化管理，不适宜大规模、标准化养殖。养殖企业考虑到养殖母牛会占用大量资金和场地，很少会将资本投向母牛养殖环节。与农户养殖相比，企业养殖母牛也不具有竞争优势。农户可以利用农作物秸秆和自有劳动力节省养殖成本，而对于企业而言，雇佣劳动力等需要大量资金投入，他们更愿意将这些资金布局到具备竞争优势的环节。母牛养殖对养殖户的人力、自然、金融等生计资本有一定的要求，养殖户特有的资源禀赋和生计资本状况是其母牛养殖决策的重要依据。当前母牛养殖效益虽然较为可观，但是不同的生计资本水平和结构会促使养殖户对经济机会做出不同的响应。换言

之，养殖户的生计资本才是母牛养殖决策的重要依据。那么生计资本对养殖户母牛养殖决策具有什么样的影响？其形成机理是什么？不同水平和结构的生计资本对母牛养殖决策的影响有何差异？对这些问题的回答，将有助于解开母牛养殖积极性难调动的"困惑"，进而有效保障我国肉牛产业可持续发展，满足人民群众对优质牛肉产品的需求。

基于上述研究背景，本书从生计资本角度出发，立足于农户行为理论、生计资本理论、要素禀赋理论等，对生计资本与养殖户母牛养殖决策行为展开研究，对当前肉牛养殖户的生计资本进行综合评价，明晰生计资本水平、结构和协调度对养殖户是否养殖母牛、母牛养殖规模及养殖技术采纳决策等方面的影响，揭示生计资本与养殖户母牛养殖决策行为的关系，以期找到提升母牛养殖积极性的政策抓手，为保障我国肉牛产业持续健康发展提供一定的经验参考和理论借鉴。

1.2　研究意义

基于现有文献与理论的梳理，利用统计数据与调研数据，从生计资本的水平与结构等角度，探究生计资本影响母牛养殖决策行为的内部机理，深入剖析生计资本对母牛养殖决策的影响，并研判我国母牛养殖发展趋势，提出应对母牛存栏下降、养殖积极性不高等问题的对策建议，这些研究具有重要的理论与现实意义。

理论意义：第一，能够在一定程度上弥补农户行为理论研究内容中对特殊养殖决策行为研究的相对不足。自20世纪初以来，行为经济学发展迅速，农户行为理论也日渐完善，国内外相关研究非常丰富，但是现有研究对养殖户决策行为的研究主要集中在技术采纳行为、政策响应行为等领域，对母牛养殖决策行为的研究几乎空白。母牛养殖区别于其他养殖行为，母牛养殖不以食用母牛为主，养殖母牛的产出以犊牛衡量，且母牛养殖技术难度大，进入和退出的门槛较高，资金回笼周期长。现有研究内容对此类生产行为的分析尚不多见，因此本书对母牛养殖决策行为的分析，能够对农户行为理论的研究内容进行一定补充。第二，从农户自身生计资本角度出发，探究生计资本对养殖决策行为的影响，为已有研究提供了新的视角。现有研究对养殖决策行为的影响因素分析上，普遍将关注点放到市场和政策环境等外部因素上，往往忽略了农户自身禀赋对养殖决策行为的影响，单纯地假定农户决策行为的目的是追求利润最大化，却忽略了当农户的生计资本水平和结构不同时，经济利润绝对值的提升已经不足以描述其决策行为背后的全部动机。第三，从生计资本水平、结构和耦合协调度不同角度分析其对养殖决策行为的影响，将有助于从理论上更加全面地认识养殖户自身所具有的有形及无形的资源禀赋对生产行为的影响。现有文献对生计资本的分析通常从某一维度的生计资本出发，如人力资本或金融资本对农户行为的影响，很少从生计资本水平、结构和耦合协调度角度进行分析，本书丰富了相关研究的内容。

现实意义：第一，为国家进一步优化调整基础母牛扩群增量项目等提供理论支撑。根据农业农村部公布的信息显示，将进一步选择产业基础相对较好的牛（羊）养殖大县，支持开展基础母畜扩群提质和种草养牛养羊全产业链发展。这反映了国家层面正在计划对原有基础母牛扩群增量项目进行改进和优化，目前这一政策还未出台详细的实施细则。研究生计资本对母牛养殖决策影响的内部机理，有助于政府充分地认识肉牛产业中母牛养殖的发展趋势及规律，找出肉牛基础母畜扩群增量过程中亟待解决的问题，有助于为相关政策调整优化提供参考。第二，对养殖户母牛养殖决策的深入分析，也将有助于相关部门深入了解微观主体生产决策行为的影响因素，为调控其他产业微观主体行为的政策提供理论支撑。第三，分析不同生计资本水平和结构对母牛养殖决策行为的影响，识别出生计资本带来的正面与负面影响，能够为政府进一步纠正这些负面影响提供政策的着力点。第四，本书对我国母牛养殖决策行为的影响因素分析，将有利于进一步探究肉牛产业市场发展的规律，这对于稳妥地推行重要畜禽产品保供政策，促进肉牛市场供需平衡，提升资源配置效率等都具有重要的现实意义。

1.3　国内外研究现状

本书分析的基本内容是生计资本对养殖户母牛养殖决策的影响，准确把握不同生计资本水平、结构和协调程度对母牛养殖决策影响的大小、方向，能够找出影响养殖户母牛养殖积极性的关键因素，为政策的实施找准抓手，进而挖掘出我国肉牛产业可持续发展的路径。基于此，文献综述主要从以下几个方面进行论述：生计资本的相关研究，农户生产决策行为研究，农户养殖目的相关研究，农户养殖规模影响因素的研究等。通过对已有研究的总结述评，为本书的分析框架奠定基础。

1.3.1　生计资本的相关研究

1. 生计资本的概念

查默斯（Chambers）和康威（Conway）在 20 世纪 80 年代中期首次提出了"生计"的概念，生计是指为了获得生存与发展所需的物质基础而采取的一系列谋生方式。1998 年，学者斯库恩斯

（Scoones）对生计的概念进行了深化和拓展，他认为生计是维持生存与发展所需要的能力和各种资产，包括有形资产和无形资产。这一概念，是当前大部分学者认同的生计概念，许多研究都是基于这一概念开展的。1998年学者保罗·科利尔（Paul Collier）分析了家庭成员利用自身拥有的资产和权力，可以形成不同的生计策略，进而实现可持续生计，建立了一个可持续生计分析框架。1999年研究人员贝宾顿（Bebbington）建立了一个能够综合分析农户生计和贫困问题的框架，并对相关问题展开了研究。在众多关于生计资本研究的分析框架中，英国国际发展署（DFID）在2000年提出的可持续生计分析框架（sustainable livelihoods assessment framework，SLA），是目前研究中使用最广泛的分析框架之一。该框架是基于特定背景下，家庭成员通过生计策略的转变最终实现可持续生计。2000年学者埃利斯（Ellis）建立了一个分析生计多元化的理论框架，提出农户会通过自己拥有的生计资本，来进行多种形式的经营行为，进而提高其生活质量。国内学者对"生计"的概念也有较多的研究，苏芳等（2009）认为被众多学者普遍认可的生计概念是指，能力、资产和生活方式。陆五一等（2011）认为生计中的核心要素是家庭成员谋生所需的基本资源禀赋。安海燕等（2020）认为生计的概念十分广泛，可以表示一种生活状态，也可以表示一种谋生方式。

2. 生计资本的分类

生计资本作为可持续生计研究中的重要内容，也有许多学者对其展开了研究。首先在生计资本分类上，1998年，学者斯库恩斯（Scoones）提出将生计资本分为四类，分别是自然资本、人力资本、金融资本和社会资本。此后，英国国际发展署（DFID）对这一分类进行了拓展，增加了物质资本，将生计资本划分为五类。英国国际发展署（DFID）对生计资本的划分成为后续大量研究开展的基础，影响范围广泛。国内许多学者对生计资本的测度和评价都按照自然资本、人力资本、社会资本、金融资本和物质资本五类进行分析（胡宗潭，2014；陈胜东，2017；袁梁，2018；王卫雯，2022）。除了基于五类生计资本进行分析外，近年来，还有学者将生计资本的分类进行了拓展，将信息资本、文化资本和心理资本也纳入了生计资本的分析框架（Odero，2006；李广东等，2012；黄志刚等，2018）。针对生计资本的各项分类，不同学者从概念到作用都进行了许多研究。

自然资本：自然资本的概念是指自然环境中具有经济、社会价值且可以被利用的资源，并且这些可利用的自然资源能够维持人们的生存或提升生活质量（Ashley，2000）。这些资源包括但不限于土地、水、大气、植被、矿产、动植物等自然要素及其相关的生态系统服务，例如水文循环、空气净化、土壤保持、气候调节等。自然资本对于人类的经济和社会活动至关重要。例如，土地和水资源可以支撑农业和工业的发展；森林可以提供木材、果实等自然产品；气候、空气和水资源可以为人类提供生活和生产的必要条件。此外，自然资本还可以提供诸如旅游、教育和休闲等非物质性服务。

物质资本：物质资本是指一定时期内为满足人们的生产和生活需求而创造出来的生产物质形式（Rakodi，1999）。这些物质形式包括基本生产资料，如建筑、机器设备等，以及物资设备、交通运输工具、通信设备等。物质资本在社会经济活动中具有非常重要的作用。它是生产过程中必不可少的要素之一。此外，物质资本还可以用于抵押和出售，为个人和家庭度过生计危机提供支持。虽然物质资本可以用于抵押和出售，但物质资本不同于金融资本，物质资本的价值主要是由其在生产和生活中的实际用途决定的，而不是由其市场交易价格决定的。

人力资本：人力资本是人们通过自身的学习和劳动所积累的能力

和技能的总和，是一个人能够为社会和自己创造价值的能力和素质的体现（Diaz，1994）。这种资本不仅能够提高个人的就业能力和竞争力，还能够促进经济的发展和社会的进步。在当前的社会中，随着科技的不断进步和知识经济的发展，人力资本的重要性日益凸显。个体可以通过多种途径来提高自己的人力资本，如参加培训班、进修、自学等。此外，政府和企业也应该加强对人力资本的投入，为人才的培养提供更好的环境和机会，以更好地满足社会对人才的需求，推动经济和社会的发展。

金融资本：金融资本是指个人或组织拥有的流动资产（Rakodi，1999），例如现金、银行存款、股票、债券、基金等，用于支持其生计和投资活动。金融资本可以为个人或组织提供多种生计活动，如购买生产资料、消费品或进行投资。与其他生计资本相比，如社会资本、人力资本和物质资本等，金融资本更易于流动和交换（叶金芝，2003），能够帮助个体更好地适应不同的生计形式，从而实现生计的可持续性。金融资本的重要性在于它可以提供资金流动和资金转移的功能。个人和组织可以通过金融市场来获取资金，投资于不同的项目和企业，从而实现财务增长。同时，金融资本也可以作为一种风险管理工具，通过多元化投资组合来降低投资风险。金融资本还可以帮助个人和组织更好地应对不确定性和突发事件，如突发疾病、自然灾害和经济危机等。金融资本是现代经济中不可或缺的一部分，它为个人和组织提供了多种生计活动和风险管理工具，同时也促进了经济增长和可持续发展。

社会资本：社会资本是指人们在追求某种生计目标时，通过建立社会网络和组织联系来获取资源和利益（Durlauf，2003）。社会资本可以包括各种人际关系、社会信任和合作等因素，它们可以帮助人们获得信息、资源、支持和机会，同时也可以促进社会和谐和经济发展。社会资本的形成通常是由社区、组织、家庭、朋友等社会网络的相互作用而产生的。人们可以通过参与社会活动、建立社交关系、信任和合作等方式来增强自己的社会资本。吴舒等（2017）学者认为以血缘、地缘等关系形成的以情感为纽带的社会资本，它在影响农民的行为特征、态度取向和价值观念上发挥着独一无二的作用。社会资本在技术扩散、信息传递、形成示范效应等方面，具有重要的作用（李文欢，2020）。

心理资本：心理资本的概念最早是由美国学者卢坦斯（Luthans）提出的，他在 2004 年发表的一篇文章中详细阐述了心理资本的概念和构成要素。卢坦斯（Luthans）认为心理资本是一种积极的心理状态，可以帮助个人应对挑战和压力，并为个人的成功和幸福做出贡献。随着时间的推移，心理资本的概念逐渐得到了更广泛的认可和研究，成为了管理学、组织行为学、经济学等多个学科领域的重要研究方向之一。在农业领域，政策制定者和农业专家可以通过提供培训和支持计划来帮助农户提升其心理资本水平，以应对日益变化的农业环境和市场竞争。心理资本水平的高低，会影响农户对产业发展前景的态度，以及面对风险时的承受能力，这些都会对农户的生产决策行为产生不同的影响。

文化资本：文化资本的概念最早由法国社会学家皮埃尔·布迪厄（Pierre Bourdieu，1986）提出。在其著作《论文化资本》中，将文化资本定义为个人或群体所拥有的文化知识、技能、教育和经验等资源，这些资源可以被转化为社会地位、财富和权力等形式的利益。他认为，文化资本是一种可以与经济资本和社会资本相媲美的资源，可以对一个人或群体在社会上的地位和机会产生重要的影响。社会学家詹姆斯·科尔曼（James Coleman，1961）对文化资本的作用给出了经典的分析，认为文化资本对于如何有效地转化劳动、资本、自然这些物质资源对服务于人类的需求和欲望具有重要的影响。

信息资本：美国社会学家詹姆斯·科尔曼（James Coleman）被认为是信息资本这一概念最早的提出者。他在1988年出版的著作《社会资本的创造与维护》中首次提出了这个概念，并将其定义为社会网络和社会关系所提供的信息资源的价值。这个概念随后在经济学、管理学、信息学等领域得到了广泛的应用和研究。

3. 生计资本的测度

测度生计资本是进行生计研究的前提，对生计资本进行量化分析有助于了解农户的生计现状和生计特征。在生计资本测度前，需要构建生计资本评价指标体系。现阶段，生计资本评价指标体系已非常健全。生计资本评价指标体系的发展是为了更好地了解个体或家庭在谋生过程中所面临的挑战和机遇，以及他们所具备的能力。英国国际发展署的可持续生计框架理论为研究者提供了重要的思路和指导。生计能力作为一个重要的概念，是评价个体或家庭在谋生过程中所具备的各种能力的综合体现。张峻豪（2014）将生计能力的范围进一步扩展，包括资本获取能力、就业能力等各种发展方面，更全面地反映了生计能力的实质。李靖和廖和平（2018）通过自然资源、社会资源等方面，针对性地设计了生计资本评价指标，从不同角度评价了个体或家庭在谋生过程中所具备的各种资本。生计资本指标体系的发展，离不开研究者们的不断探索，通过对文献的梳理，将部分学者选取的生计资本评价指标进行了汇总，如表1-1所示。

表1-1　　　　　　　现有研究中生计资本评价指标体系汇总

资本类型	评价指标	文献来源及案例地点
人力资本	劳动力数量	唐禹（2019）（喀斯特地区）、蔡仕茂（2022）（贵州威宁县）、张庆红等（2022）（新疆南疆四地州）

资本类型	评价指标	文献来源及案例地点
人力资本	受教育程度	崔亚兰（2019）（陕西省）、颜燕芬等（2022）（覆盖全国 28 个省份）、蔡仕茂（2022）（贵州省威宁县）
	健康状况	向楠等（2015）（湖南桑植县）、钟亚琪（2019）（湖北蕲春县、监利县）、颜燕芬等（2022）（覆盖全国 28 个省份）
物质资本	宅基地或住房情况	谢贤鑫等（2019）（江西省）、菲菲等（2019）（内蒙古锡林郭勒盟）、吴乐等（2018）（贵州黄平县、威宁县、大方县）
物质资本	牲畜数量	久毛措等（2019）（西藏自治区拉萨市、日喀则市、山南市、那曲市、林芝市）、冯敏（2019）（广西桂林龙脊平安壮寨与大寨瑶寨）
	固定资产	吴乐等（2018）（贵州黄平县、威宁县、大方县）、李琳森等（2019）（陕西陕南、关中和陕北 3 个区域）
自然资本	耕地、林地、草地等土地资源面积	吴孔森等（2016）（甘肃民勤县）、李琳森等（2019）（陕南、关中和陕北 3 个区域）、李鑫等（2019）（云南大理市）、张庆红等（2022）（南疆四地州）
	土地质量	翟彬（2015）（甘肃天水市）、李琳森等（2019）（陕西陕南、关中和陕北 3 个区域）、李鑫等（2019）（云南大理市）
社会资本	参与社会组织的情况	方婷（2022）（江西吉安市、余干县、彭泽县、湖口县、南昌县、瑞昌县、靖安县）、刘云晴（2020）（陕西关中地区）
	与亲戚朋友的关系	袁梁（2017）（陕西国家重点生态功能区）、张旭锐（2020）（陕西和江西林区）
	社会工作情况	杨杨等（2019）（浙江安吉县）、刘俊等（2019）（四川泸定县）
金融资本	家庭年收入或人均年收入	秦青等（2017）（陕西、四川、云南）、介永庆（2021）（甘肃陇南山区）窦明宸（2022）（山西平定县）
	金融贷款情况	向楠等（2015）（湖南桑植县）、宁泽逵（2017）（陕西长武县巨家镇）、谢先雄等（2018）（内蒙古）
心理资本	自我效能感及乐观韧性等积极的心理状态	张婕等（2021）（山东青岛市）、李双元等（2022）（青海农牧区）、杨思宇等（2022）（福建、河南、四川）

资本类型	评价指标	文献来源及案例地点
心理资本	风险态度	赵恬（2021）（陕西千阳县、高陵区、武功县、眉县、周至县、杨凌区、扶风县、乾县）、杨思宇等（2022）（福建、河南、四川）

资料来源：根据已有文献整理得到。

在对生计资本评价指标体系进行构建后，许多学者通过不同的测度方法对生计资本进行了量化研究。生计资本的评价和测度方法，在众多学者的研究下也得到了不断的丰富和拓展。现有研究在对生计资本水平指标赋权上主要通过层次分析法、德尔菲法、熵值法、因子分析或主成分分析法，在衡量生计资本结构，反映各项生计资本之间的协调程度时，通常以耦合协调度反映。其中，层次分析法和德尔菲法属于主观赋权法，熵值法、因子分析或主成分分析法属于客观赋权法。

主观赋权法：夏普（Sharp，2003）在主观赋权法方面的探索为农户生计资本研究提供了重要的方法和思路，开发了定性和定量指标相结合的主观经验赋权法数据处理技术，他认为传统的定量分析方法往往难以反映出复杂的社会经济现象，而主观经验赋权法可以更好地反映出这种现象。该方法强调了专家经验的重要性，认为专家的知识和经验可以帮助准确地评估各个指标的重要性。层次分析法、德尔菲法等主观赋权法已经成为量化农户生计资本的主要研究方法，国内学者杨云彦等（2009）、王丹丹等（2016）、郝文渊等（2014）都以主观赋权法为基础对农户生计资本量化分析进行了有益的探索。师学萍等（2016）在研究西藏农户生计资本时，对调研区域从事相关工作的高校及政府部门的专家进行了两轮咨询，利用专家咨询法确定指标权重。杜巍等（2018）、李健瑜等（2018）对农户生计资本水平的测度，采取的赋权方法是层次分析法。

"主观赋权法"虽然在一定程度上是合理的，但由于权重是由决策者主观给出，因此可能存在主观性和偏见，使得决策结果可能不够客观和公正，而且在实际决策过程中，可能会涉及多个因素和多个决策者，使得主观赋权法变得更加复杂，容易出现矛盾和不一致的情况对测度结果造成影响。因此，部分学者在对生计资本各项指标进行赋权时，会使用因子分析或主成分分析等方法来降维，并获得因子得分，以更全面地反映各个指标的重要程度（李昌荣，2015；刘尧，2016）。但是这些降维方法也存在一定的局限性，导致研究结论可能不够准确。为了提高研究结果的可靠性，部分研究者采取熵值法对生计资本评价指标进行赋权，熵值法可以根据数据本身的变化程度来赋权，从而提高结果的准确性和可靠性（乌云花等，2017；张旭锐等，2017；张吉岗等，2021）。客观赋权法逐渐成为生计资本量化研究的主流方法。

客观赋权法：客观赋权法是一种将经济学和统计学方法应用于量化研究的方法。其核心思想是通过发现和分析数据本身的规律，对各项指标进行客观评价，并排除人为干扰的影响。这种方法被广泛运用于国内学术界中，包括变异系数法、主成分分析法、熵值法等。在使用客观赋权法对生计资本进行评估时，不同的研究者会采用不同的方法来确定生计资本各指标的权重。例如，纪红蕾等（2017）采用变异系数法确定生计资本各指标的权重，用于分析生计资本的异质性对农地流转行为的影响。袁梁等（2017）和韦惠兰等（2019）则采用主成分分析方法来测量生计资本的权重。刘婧等（2012）、李鑫等（2015）和赵文娟（2016）则采用熵值赋权法来测算生计资本评价指标体系的权重。

客观赋权法可以帮助研究者更客观、准确地评估生计资本的状况，并为政策制定和实践提供科学依据。但是客观赋权法也存在一些局限性，例如，可能忽略了文化、历史和地域因素的影响，以及难以考虑到人类行为的多样性和复杂性。

4. 生计资本与生计策略

生计资本和生计策略是发展经济学和农村发展研究中的两个重要概念。生计资本是指个人或家庭所拥有的资源，包括物质资本、自然资本、人力资本和社会资本等。而生计策略则是指个人或家庭基于其所拥有的生计资本而制订的行动计划，以满足其生计需求和实现其生计目标。埃利斯（Ellis，2000）分析了发展中国家不同农户的生计资本和生计策略，并探讨了影响他们的生计状况和发展机会的因素。该研究为后来的生计资本和生计策略研究提供了基础和范例。卡尔尼（Carney，1998）介绍了可持续农村生计的实施方法和实践经验。作者将生计资本和生计策略作为分析农户生计的重要工具，并通过案例分析和实践经验探讨了如何促进农户的生计增长和可持续发展。

对生计策略类型进行分类也是现有研究较为关注的领域，对生计策略的分类有助于更好地理解不同人群的生计行为和决策，同时也有助于制定更有效的扶贫政策和发展计划。在对生计策略类型的划分上，当前被大部分学者普遍认可的划分类型为农业生计策略、非农生计策略和农业与非农综合生计策略（Scoones，1998；Mubaya et al.，2017）。农业生计策略是指家庭在农业生产过程采取了多种不同的方式，例如，同时种植多种作物、养殖多种家畜等。这种策略可以降低农业风险，提高农业收益。非农生计策略指农户在经营非农活动方面采取了多种不同的方式，例如，开办小商店、从事手工艺制作等。这种策略可以提高家庭收入、改善生活条件。农业与非农活动的多样化策略则是指农户在同时从事农业和非农活动，以获得更多的收入来源和更好的经济效益。这些策略的选择会因地区和个体的不同而有所不同，而选择何种生计策略也需要考虑当地资源条件、市场需求以及自身技能和特长等因素。

在对农户生计策略类型划分的基础上，许多学者探讨了农户生计策略的影响因素，大部分学者从外部因素和内部因素两个方面进行探讨。外部因素主要包括自然资源、社会经济等因素。其中，自然资源是农户生计策略的重要外部影响因素之一。自然资源的种类、数量、分布和质量等特征，直接影响着农户生产和生计方式的选择。例如，水资源的充沛程度和水质的好坏，将直接影响农户的灌溉和养殖活动；土地的肥沃程度、质地和面积，将决定农户的种植和畜牧能力（吴园庭雁等，2017；安士伟等，2018；焦娜等，2020）。社会经济因素也是农户生计策略的重要外部影响因素之一。例如，市场的需求和价格、政策的支持和限制、技术的进步和转让等，都将影响农户的生产和生计策略的选择。例如，某些政策的实施，可以鼓励农户采用更加生态友好的种植方式，从而提高他们的生计水平（阎小操等，2021；黎洁，2016；周丽等，2020）。除了外部影响因素，以生计资本为代表的内在因素也会对农户生计策略的调整产生重要的影响。生计资本数量和质量以及不同的结构都会对家庭生计策略产生影响。例如，农户家庭成员的数量和年龄结构等，将影响农户的劳动力数量和人力资本的配置；农户家庭成员的教育和技能水平，将直接影响农户的生产效率和经济收益；农户家庭的信用状况，将影响农户的生产和消费决策，以及他们获取贷款和其他金融服务的能力（李文，2012；陈余玮，2016；何丹，2018）。

5. 生计资本对可持续生计能力的影响

生计资本是实现可持续生计能力的重要组成部分，对于维持个体或家庭生计的能力至关重要。可持续生计能力则是指家庭或个人在长期内获得稳定、可持续的收入、食品、健康、教育、社会保障等方面的能力。生计资本的数量和质量对可持续生计能力有重要影响，拥有足够的生产资料、人力资本、社会资本等生计资本，可以帮助个体或家庭获得更稳定的收入来源，提高生产效率和产出水平，从而提高其生计能力。不同类型的生计资本可以相互作用、互相支持并产生复合效应，帮助个人和家庭实现可持续生计。如果一个家庭拥有更多、更高质量的生计资本，则能够更好地实施多元化的生计策略，提高可持续生计能力（胡江霞等，2018）。因此，增加生计资本的数量和提高其质量是提高可持续生计能力的有效途径。许汉石等（2012）的研究发现，生计资本的组合也会对可持续生计能力产生影响。研究表明，家庭或个人应该根据自己的特点和需求来合理配置各种生计资本，发挥它们的优势，从而提高可持续生计能力。李丹（2015）的研究指出，人力资本是影响家庭可持续生计的重要因素，提升人力资本的重要途径是接受教育。此外，李丹还指出，物质资本也是提高可持续生计能力的重要因素，家庭或个人应该通过储蓄和投资来增加物质资本。杨云彦等（2009）的研究指出，生计资本的不同类型对可持续生计能力的影响是不同的，人力资本、自然资本和社会资本是影响家庭生计状况的关键因素，家庭或个人在增加生计资本时，应优先考虑增加人力资本、自然资本和社会资本的数量，提升人力资本、自然资本和社会资本的质量。

1.3.2 农户养殖行为决策研究

1. 关于农户养殖目的的研究

当前学者们普遍认为，农户养殖的目的主要是实现经济效益、提高收入和改善生计。此外，农户养殖还有其他一些目的，如增加家庭的营养安全、提供就业机会、改善土地利用等。有部分研究者认为，养殖牲畜可以为农户提供稳定的收入来源，降低家庭对外部市场的依赖，提高家庭的自给自足能力（Karamura et al.，2016；Assefa et al.，2017；Ayalew et al.，2018）。养殖还可以帮助农户提高财务状况，使其更容易获得银行贷款和其他融资（Bezu et al.，2014；Amare et al.，2018）。农户养殖还可以创造就业机会，尤其是在农村地区。研究表明，养殖可以提供直接和间接的就业机会，包括饲养、兽医、销售、加工等。这些就业机会可以促进当地经济发展，提高居民的生活水平（乔张嫒，2022）。除了经济目的外，还有学者指出，农户养殖的目的还包括营养安全目的。养殖可以为农户提供高质量的蛋白质来源，帮助农户改善营养状况，尤其是在营养不良的地区（王玉环，2006）。

养殖牲畜还有降低风险的作用，法夫尚（Fafchamps，1998）通过对西非农户养殖决策行为进行分析，发现农户将养殖牲畜看作一种保险手段，能够在家庭遭遇风险时起到缓解的作用。农户养殖的牲畜通常不会自己消费，而是通过销售牲畜产品换取家庭生活的必需品，如谷物、粮油等。养殖牲畜能够起到稳定器的作用，不论家庭收入如何变化，农户至少可以保障基本的生活水平。养殖作为保险手段的功能虽然并不是很完善，但是当农民遇到困难时，出售家畜的确是一种可以帮助家庭降低损失维持生活水平的重要方式。

2. 关于农户生产决策行为影响因素的研究

农户的生产决策行为是指农户在农业生产过程中所做出的选择和决策。农户的生产决策行为受到很多因素的影响，包括经济、社会、文化、政治和环境等因素。周杨（2021）研究认为政府对农业的支持、补贴以及税收政策等都会对农户的生产决策产生影响。张德生等

（2016）利用四川攀枝花芒果种植户的微观调研数据，对果农的生产决策行为展开了研究，研究结果表明农户的年龄、文化生产以及对政府的认知态度等因素会显著影响果农的生产决策行为。还有学者分析了天气、气候和自然灾害等自然因素对农户的生产决策产生的影响（方袁意如等，2021）。此外，教育水平、社会文化因素、技术水平等因素也是影响农户生产决策行为的重要因素（张焱等，2020）。

在对农户生产决策行为分析上，学者们创建了许多经典的理论和分析模型。贝克（Becker，1965）创建的"新农经济学模型"被认为是现代农业经济学的奠基之作。"新农经济学模型"是运用现代经济学理论和方法对农业经济进行研究和分析的一种新型经济学模型。该模型对农业经济的供求关系、生产要素配置、农业市场价格等农户生产决策行为进行研究，旨在优化农业资源配置、提高农业生产效率、促进农业可持续发展。该模型假设农户生产决策追求的目标是利润最大化。农户面临着有限的资源和机会成本，因此必须通过最有效的方式来组织和运营生产和消费活动。该模型的核心理论是，农户的生产决策会受到市场工资的影响，通过对市场工资的主观评估，农户可以决定将劳动时间分配到家庭生产、劳动生产或休闲。与传统的农业经济学模型相比，新农经济学模型更加注重市场化、信息化和现代化的因素，更加关注农业产业链的整体效益和农民收入增长，同时也考虑环境保护和资源利用的问题。

养殖决策行为是农户生产决策行为的一种，是农户决策养殖与不养殖或者是养殖规模大小变动等行为。在对养殖决策行为的影响因素分析上，目前国内外的专家学者普遍认为影响农户进入养殖业的因素主要包括：农户的基本特征、投入产出效率、市场因素、政策支持情况以及自然因素等。农户的基本特征主要指农户的家庭劳动力、受教育程度、年龄、性别和家庭收入等。市场因素是指市场的需求、价格、竞争等因素,农户会根据市场的变化来决定养殖的种类和数量(Ahearn,2005;Galleani,2007;Viaggi,2011)。农户的养殖经验和技术水平也会影响其进入养殖业的决策。具有较丰富养殖经验和技术水平的农户更容易进入养殖业。养殖业需要一定的资金和资源投入,因此农户需要考虑投入产出比、成本效益等因素,来决定是否进入养殖业。宏观政策因素包括国家和地方政府的宏观政策,如财政补贴、税收优惠等,会对农户进入养殖业的决策产生影响(Vanslembrouck,2010)。此外,不同地区的气候、土壤、水源等自然条件会对养殖业的发展产生影响。农户需要根据当地的地理条件来选择适宜养殖的种类。胡振通等(2015)、杨振海等(2015)研究表明草场面积是养殖户牲畜养殖数量的决定因素,甚至一些看似细微的因素对于养殖户的生产行为决策都会是质的影响。

关于农户养殖规模决策行为的研究,大多数学者是基于理性的"经济人"假设开展研究,认为农户养殖规模决策行为的主要目的是追求利润的最大化,农户首先需要考虑的是不同养殖规模的成本收益,在此基础上,还需要考虑国家政策、家庭、外部环境等因素。张园园等(2015)运用 Probit 模型分析了影响养殖主体做出生猪养殖规模决策的主要因素是决策者文化程度、专业化程度、横向合作程度、风险敏感度、对行业前景的态度等。侯国庆等(2016)以蛋鸡产业为例,运用 OLS 与面板分位数回归方法实证分析发现,农户个人特征、养殖特征对养殖规模的影响会随时间的增加呈上升趋势。汤颖梅(2012)以四川、江苏的生猪散养户为研究对象,实证分析非农就业收入对生猪养殖规模决策行为的影响。同时在研究中引入风险变量,验证非农就业收入对农户风险偏好的影响。樊新宇(2015)通过对陕西省榆林市的生猪养殖相关数据的分析,发现生猪价格波动会影响养殖主体的生猪养殖规模决策行为。

对农户养殖决策行为产生影响的因素还包括风险规避这一因素，自然灾害等风险与价格波动等的市场风险是农业生产过程中同时面临的两大主要风险，也是农业生产主体面临的主要压力（李立达，2022）。自然灾害等的冲击会降低农户生产意愿（朱文冲，2022），甚至导致农业生产主体做出退出农业生产的行为决策（陈哲等，2020）。市场风险也是影响养殖户养殖决策行为的一个因素，市场风险是指由于市场因素变化所引起的价格波动风险，可能导致农户面临的潜在损失（潘洪刚等，2008；王川，2009）。学者们认为市场风险会造成实际收益与预期收益的偏离，作为理性人，农户会调整其生产行为（臧萌等2009；徐欣等，2010；赵玉等2016；周荣柱等2018）。科韦洛等（Covello et al.，2001）的研究发现，农户越是感知到市场风险，就越可能会减少其生产规模。这种现象可能是由于农户感知到市场风险后，会更加谨慎地对待市场需求和销售情况，以避免产生大量的闲置产品或库存。为了减少损失，他们可能会减少生产规模，以保持适当的供应和需求平衡。然而，这也可能会导致一些问题，例如，如果所有农户都在减少生产规模，市场供应可能会减少，价格可能会上涨，从而导致更高的市场风险。因此，在应对市场风险时，农户需要进行谨慎的风险管理，并与其他农户和市场参与者进行协调，以实现更加稳定和可持续的市场运营。

关于母牛养殖规模及影响因素的研究相对较少，已有研究普遍认为母牛养殖规模的影响因素是多方面的，包括经济、技术、管理、市场和政策等方面。学者王明利（2008）利用安徽和山东等地的实地调研数据，分析了中国肉牛生产布局的变化情况，认为肉牛生产出现严重下滑，主要是由于育肥牛和母牛养殖收益差距逐渐拉大，繁育户养殖效益较低，导致养殖户退出或减少母牛养殖，进而影响到肉牛的整体存栏量。徐恢仲等（2004）对三峡库区肉牛养殖示范园区进行了实地调研，研究发现示范园区发展初期适宜进行母牛养殖，养殖母牛虽然周期长、资金回笼慢，但是母牛养殖有利于养殖户积累经验，提高牛群管理水平，有利于后期扩大肉牛养殖规模。王佳欢（2017）通过对吉林省母牛养殖优势区域的调研，测算了调研区域母牛养殖的最小经济规模平均为 12 头，机会成本与母牛养殖收入的比重对养殖规模有显著影响，并据此提出应当依据机会成本制定收入补偿金。刘京京等（2019）采用有序 Logistic 模型，研究母牛补贴政策实施的满意度及其影响因素。结果表明：养殖户生产经营特征中从事养殖时间、地形、投资回报率和能繁母牛存栏量会对母牛养殖补贴满意度产生显著影响。

1.3.3 生计资本对农户养殖决策的影响研究

现有研究关于生计资本与养殖决策的研究相对较少。基本是在可持续性生计框架内进行的，斯琴朝克图（2017）基于可持续生计框架，对内蒙古半农半牧区养殖户生计资产与生计方式进行了研究。蒙吉军（2012）、郭秀丽等（2017）的研究指出可持续生计框架下养殖户各类生计资本的配置存在差异，导致养殖户各项资本配置无法达到一个更好的水平，从而提出优化生计策略的具体措施。华金晶等（2021）通过对内蒙古锡林郭勒盟牧户的实地调研，对生计资本与牧民养畜行为的影响进行了分析，研究发现金融资本和社会资本是牧民维持生计的主要资本，对牧民的牲畜养殖规模有显著的影响。谢先雄等（2019）通过对内蒙古牧民的实地调研，采用二元 Logistic 模型实证分析了生计资本整体以及各维度对牧民减畜意愿存在的影响，研究结果表明，生计资本各维度均对牧民减畜意愿存在显著影响，物质资本、人力资本、社会资本和金融资本越丰富的牧民，减畜意愿越高；自然资本越丰富的牧民，减畜意愿越低，主要是由于草场面积等自然资本丰富的牧民，牲畜超载的风险越低，因此减畜意愿越低。靳乐山等（2014）认为养殖户决策行为的选择除了受外部环境的影响外，还受自身拥有生计资本的约束，因此其生产经营决策的影响因素并不是单一的，而是具有复杂性，并且提出自然资本中承包草场面积指标对养殖户牲畜养殖规模决策具有重要影响。丁文强等（2017）研究表明养殖户普遍生计资本存量少，但是五种生计资本相比之下，人力资本的存量相对较高。

1.3.4　文献述评

通过对以上文献的梳理发现国内外学者对生计资本以及农户行为决策进行了大量的研究，并取得了丰富的研究成果，为本书的研究提供了坚实的理论基础。但是，从现有的相关文献中，我们不难发现，依然存在一些不足。

目前关于生计资本对养殖决策影响的研究中，较少将生计资本作为整体进行分析。现有文献大多从生计资本的某一维度或与生计资本相关的因素这一角度进行研究，而未将其作为一个整体来探究其对养殖决策的影响。生计资本包括自然、人力、社会、金融和物质等各种资源和行动的综合体，每个部分甚至每个因素都会影响养殖决策。农户的生计资本数量和质量都会影响其生存和发展的能力，养殖户的生计资本"数量"多，"质量"好，在做决策时也会更具多样化。不同类型的生计资本对牲畜养殖决策的影响程度也不同。因此，从生计资本的水平、结构和协调程度等方面，将其作为一个整体来分析其对养殖决策的影响是非常有必要的。

　　现有研究对母牛养殖决策行为的探索几乎处于空白,研究内容单一。行为经济学发展至今,已经有非常多的研究成果,针对农户行为的研究也成果丰硕。但是现有研究,从产业角度看,主要集中在种植业,对农户的生计响应进行分析。对养殖业的分析主要集中在对生猪养殖规模决策的研究。少有文献关注肉牛养殖行为,母牛养殖决策的研究就更趋于空白。从研究内容角度看,较多集中到单一的决策行为,如技术采纳行为、减畜行为、养殖规模决策等。很少有研究对养殖决策行为包含的一系列具体行为进行全面分析。养殖决策具体可分为是否养殖(养不养)、养殖规模(养多少)、技术采纳(怎么养)等。对这一系列问题的回答,有助于更全面地找出影响肉牛养殖户母牛养殖决策行为的关键因素。

　　显然,农户作为肉牛养殖经济活动的微观经营主体,所拥有的生计资本与其做出的养殖决策密切相关,且不同农户的生计资本存在显著差异,因此提升其养殖积极性,引导其养殖决策的方式也具有一定的特殊性。然而,目前无论是政府部门,还是学术研究领域,都没有深入剖析人力、自然、物质、金融、社会、心理等生计资本对母牛养殖行为决策的影响,也没有理顺推动母牛扩群增量的管理思路,现有的"基础母牛扩群增量项目"也在调整和探索中。整体来看,对于生计资本与母牛养殖关系的研究稍显滞后。为此,本书从母牛养殖决策行为入手,将生计资本内涵丰富化,从生计资本的水平、结构和协调程度多角度进行分析,以期为政府母牛扩群增量相关政策调整提供一定的理论支撑,为我国肉牛产业可持续发展提供一些思路。

1.4 研究目标、内容与技术路线

1.4.1 研究目标

本书确立的核心研究目标是从生计资本的水平、结构和协调程度，多视角出发来探究母牛养殖的决策行为。以养殖户为研究主体、以母牛养殖决策行为为研究对象，采取定性分析结合定量分析、理论研究结合实证研究的方法，厘清生计资本影响母牛养殖决策行为的内在机理，深入剖析各种因素的相互关系和作用机理，从而揭示农户做出母牛养殖决策的规律，为扩大我国基础母牛养殖规模、实现肉牛产业可持续发展提供合理的对策建议。

1.4.2 研究内容

本书主要包括以下几方面内容。

第一，我国肉牛和母牛养殖业发展历程、现状及存在问题。结合我国肉牛养殖相关政策、能繁母牛市场情况、养殖布局等，梳理我国肉牛产业和母牛养殖发展的历程，识别我国母牛存栏量变化的重要节点，并分析不同时间、不同区域母牛养殖成本收益、生产效率的变化情况，同时，对未来我国母牛存栏量和牛肉产品供需趋势进行分析，在此基础上，找出当前我国母牛养殖发展存在的问题。

第二，养殖户生计资本水平、结构和协调度测度。构建养殖户生计资本指标体系，对养殖户生计资本进行综合评价。在参考现有研究的基础上，结合母牛养殖的生产实际，构建人力资本、社会资本、自然资本、金融资本、物质资本、心理资本等具体评价指标，并通过熵值法确定各项指标的权重，对养殖户生计资本水平、结构及耦合协调程度进行测算，对养殖户生计资本进行多方位的刻画。对当前我国肉牛养殖户生计资本水平、区域差异有一个整体的判断。

第三，生计资本对"是否养殖母牛""母牛养殖规模"决策行为的影响。能繁母牛存栏不足是当前我国肉牛产业面临的突出问题，对养殖户母牛养殖积极性的调动，主要目的就是扩大母牛养殖群体和增加母牛养殖数量，稳定我国肉牛产业发展的基础。因此，探究生计资本对养殖户母牛养殖决策行为的影响，首先要回答生计资本是如何影响养殖户决定是否养殖母牛以及母牛养殖规模。利用调研数据，通过 Double-hurdle 模型，实证分析不同类型的生计资本水平、结构和协调度对养殖户"是否养殖母牛""母牛养殖规模"决策的影响。

第四，生计资本对母牛养殖主推技术采纳决策行为的影响。在探究了生计资本对养殖户"是否养殖母牛""母牛养殖规模"决策行为的影响后，需要进一步分析生计资本对母牛养殖主推技术采纳决策行为的影响。在对母牛养殖主推技术等核心概念进行界定后，从理论层面对生计资本与母牛养殖主推技术采纳决策行为间的关系进行论述，再从技术采纳意愿、技术采纳行为两个方面进行实证分析。首先，利用肉牛养殖场户调研数据，运用结构方程模型探析生计资本对母牛养殖主推技术采纳意愿的影响，以及检验技术认知所起的中介作用。其次，运用二元 Probit 模型探析生计资本对母牛养殖技术采纳行为的影响。

第五，分析提高我国肉牛养殖户母牛养殖积极性的可行路径。通过总结和归纳前述分析结果，从影响母牛养殖决策行为的各项生计资本因素入手，引入定性比较分析方法，结合具体案例，揭示生计资本各维度之间对母牛养殖决策行为影响的复杂关系，进而探讨扩大母牛养殖规模提升母牛养殖积极性的等效路径。并据此提出有针对性的政策建议。

1.4.3　技术路线

为了实现本书的研究目标与研究内容，本书在回顾国内外关于生计资本和养殖决策前沿文献的基础上，基于调研数据分析了生计资本对母牛养殖决策行为的影响机理。本书的研究思路设计如下。

第一，分析我国母牛养殖现状与问题。通过梳理宏观政策、产业背景，描述我国母牛养殖规模萎缩、肉牛产业的发展受到牛源紧缺制约的现实情况。通过文献回顾，厘清研究的理论背景，找准切入点和研究视角，提炼科学问题。

第二，基于农户行为理论、规模经济理论、可持续生计理论、资源禀赋理论等，讨论生计资本对母牛养殖决策行为的影响机理。

第三，实证分析生计资本水平、结构、协调程度如何影响母牛养殖决策中养不养（是否养殖）、养多少（养殖数量）、怎么养（技术采纳）等决策行为。

第四，基于前述计量经济分析的实证检验结果，讨论提升我国肉牛养殖户母牛养殖积极性的政策建议。本书研究技术路线如图 1-1 所示。

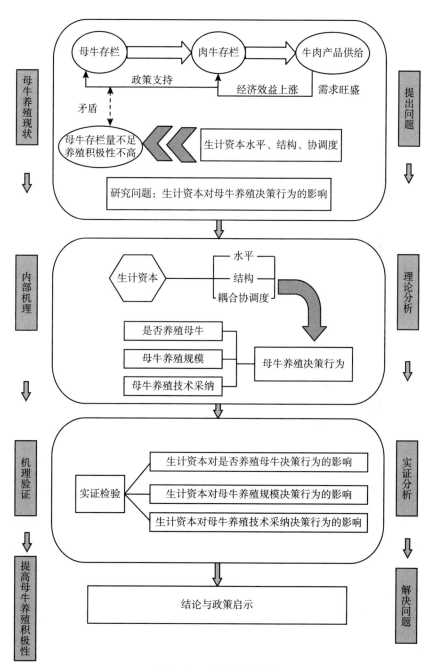

图1-1 本书技术路线

1.5　研究方法与研究数据

1.5.1　研究方法

第一，统计分析法和比较分析方法。在本书中，统计分析法与比较分析法贯穿全文，基于宏观数据和实地调查数据，采用统计分析方法中的描述统计法，对不同维度养殖户生计资本数据统计与描述性分析。

第二，计量分析方法。基于微观调研数据，选择符合数据结构与特征的计量模型进行实证分析。具体来看，主要分为以下五种：

（1）熵值法和德尔菲法。针对生计资本各项测量指标权重的，考虑到主观赋权和客观赋权都存在一定的局限性，因此将德尔菲法和熵值法进行组合应用，尽量避免赋权结果过于依赖数据或过于依赖主观经验。熵值法是一种常见的综合指标评价方法，它是一种客观赋权法，常用于各类评价指标体系构建研究中。该方法基于信息熵的概念，通过对各指标的联系程度和提供的信息量进行计算，来确定指标的权重。德尔菲法是一种专家咨询和决策方法，它的主要目的是通过专家之间的交流和讨论来达成一致的意见。其大致流程是专家们对所要预测或评估的问题进行匿名反馈，并在每次反馈之后，整理、归纳、统计专家们的意见，并将结果反馈给专家。专家们在接受反馈后，可以再次进行讨论和反馈，直至得到一致的意见。德尔菲法作为一种主观定性的方法，也被广泛应用于科研评价中。

（2）耦合协调度模型。耦合度和协调度这两个概念最初是物理学中的概念，但是后来被引用到社会经济研究中，成为评估不同系统或要素之间相互作用的重要指标。耦合度反映了不同系统或要素之间相互依赖程度的强弱，而协调度则反映了这些相互依赖关系是否具有良性关联，是否能够实现协调发展。耦合协调度模型则结合了这两个概念，可以更全面地评估不同系统或要素之间的协调发展程度。耦合协调度表示各要素相互作用中良性耦合程度的大小和协调状况的好坏。本书通过生计资本耦合协调度分析，判断生计资本结构协调发展的程度。

（3）双栏模型（double-hurdle）。由于是否养殖母牛和母牛养殖规模决策，是决策的两个不同阶段，即参与阶段和数量选择阶段。double-hurdle 模型的实质是 Probit 模型和 Truncated 模型的组合，广泛用于分析两阶段决策。第一阶段养殖户选择是否养殖母牛属于概率模型；第二阶段养殖户养殖母牛的规模属于数量模型，因此选用 double-hurdle 模型进行估计较为合适。

（4）结构方程模型。该模型可以将多个变量之间的关系整合到一个统一的模型中，同时考虑变量间的直接和间接关系。结构方程模型通常包括测量模型和结构模型。测量模型描述了潜在变量和观察变量之间的关系，结构模型描述了变量之间的因果关系。考虑到生计资本与母牛养殖主推技术采纳决策行为间可能既存在直接影响效应也存在间接影响，且间接影响因素通常难以直接观测，所以选择结构方程模型将肉牛养殖户生计资本、技术感知和技术采纳意愿纳入统一分析框架，以便观察影响作用大小并得到潜变量间的影响路径。

（5）二元 Probit 模型与 IV – Probit 模型。养殖户是否采纳母牛养殖主推技术是典型的二元选择模型，参考已有研究，选择二元 Probit 模型分析生计资本对养殖户母牛养殖主推技术采纳行为的影响；同时考虑到养殖决策选择模型中的内生性问题，本书采用工具变量法，运用 IV - Probit 模型纠正内生性问题。

1.5.2 研究数据

（1）由于宏观统计资料中对肉牛中母牛养殖的基础数据几乎没有统计，为了顺利开展研究，本书使用的主要数据是课题组承担的全国肉牛生产定点监测数据，包括全国 31 个省（区、市）的母牛存栏量数据等（受数据可得性影响，不包括中国香港、澳门和台湾地区的母牛养殖数据）。数据的时间跨度为 2010～2021 年（能繁母牛市场价格数据时间跨度为 2011～2021 年）。

（2）微观调研数据来源于课题组 2022 年 8 月至 11 月对内蒙古自治区、宁夏回族自治区、四川省、山东省 4 个省区的 14 个县（市、区）进行的实地调查。选取的调研地区涉及东北肉牛产区、西北肉牛产区、西南肉牛产区和中原肉牛产区，分布范围较广，且肉牛产业发展基础较好，具有一定的代表性。

（3）本书除了使用定点监测数据和微观调研数据外，还利用宏观统计数据对产业现状进行了分析。数据来源主要包括《中国统计年鉴》《中国畜牧业年鉴》《中国农村统计年鉴》和布瑞克农业数据库等。

1.6　研究创新点

第一，研究表明农户生计资本也是驱动养殖决策变化的重要因素。传统的农户行为理论强调农户决策目的仅仅是追求经济利润最大化，但随着农户生计资本水平的多元化和差异化，生计资本也会影响农户的生产决策行为，农户会选择与自身生计资本水平、结构等相匹配的决策。

第二，将生计资本理论应用于母牛养殖经济行为与决策的研究，补充了母牛养殖经济行为领域的研究内容。现有研究对母牛生产的经济行为分析尚处于空白。母牛养殖具有一次性投入大、生产周期长、单胎繁殖的突出特点，与其他畜种的养殖有所区别，本书能够对此类经济行为的研究提供一定的补充。

第三，科学测算了我国肉牛养殖户的生计资本水平、耦合协调度并对养殖户生计资本结构进行了划分。通过熵值法和德尔菲法相结合的方式，尽量避免赋权过于依赖数据信息或过于依赖主观经验的问题，对肉牛养殖户生计资本指标进行了赋权，从不同区域、不同养殖模式等角度测算了肉牛养殖户的生计资本水平和耦合协调度，并对养殖户生计资本结构加以区分，从整体上把握了当前我国肉牛养殖户的生计状况。

第 2 章

概念界定、理论基础与分析框架

养殖户是母牛养殖的重要主体，生计资本作为养殖户母牛养殖决策的重要依据，是分析其行为的逻辑起点。因此，本章首先对文中所涉及的主要概念进行界定，包括生计资本、养殖户、肉牛和母牛、养殖决策以及母牛养殖主推技术等。其次，对农户行为理论、可持续生计理论、要素禀赋理论等进行梳理和总结，为后续的实证研究提供理论支撑。最后，在此基础上分析生计资本对肉牛养殖户母牛养殖决策行为的影响机制，并形成全文的研究思路和逻辑框架。

2.1 概念界定

2.1.1 生计资本

生计资本的内容和表述与研究的具体背景有关，但核心是农户持有或可获得的资产。通常认为，资产可以分为有形资产和无形资产，是农户维持生计的重要的因素之一。有形资产主要包括土地、水、农业机械等生产资料和资源，以及粮食储备、黄金、矿藏和其他有价值的藏品等；无形资产包括获得并使用信息、技术和公共服务的权利，以及在发生外部冲击或自然灾害时向个人或政府机构寻求援助的权利。一个家庭的资产水平在一定程度上可以反映家庭的生计状况。英国国际发展署将生计资本划分为金融资本、物质资本、人力资本、社会资本、自然资本五种类型，并首次提出"生计资本"这一术语。英国国际发展署对生计资本的分类，在现有的生计研究中得到了广泛认可和应用。许多学者针对研究对象的不同特征，对生计资本的分类进行了拓展，以使研究结论更加可靠，例如，增加制度资本（刘玲等，2019）、文化资本和心理资本等（张朝辉，2019）。

因此，本书将生计资本定义为：家庭在以前的经济活动中积累的，并由家庭拥有或控制的，旨在维持或改善生活条件并带来经济效益的资源总和。本书参考英国国际发展署对生计资本的分类，同时考虑到母牛养殖周期长、饲养难度大，具有较高的风险性，养殖户的决策行为可能会受到心理资本的影响，所以将心理资本纳入分析框架。本书将生计资本分为金融资本、物质资本、人力资本、社会资本、自然资本和心理资本六种类型。

具体地，金融资本是指家庭或个人用于实现生计目标的金融资源，通常包括现金、信贷、储蓄、理财产品等。物质资本是指用于生产和消费的物质资源和设施，通常包括房屋、生产设备、交通工具等。人力资本是指家庭成员的技能、知识和能力等，通常包括劳动力数量、健康状况和受教育程度等。社会资本是指个人为了追求自己的生计目标而使用的社会资源的总和，包括社会网络、社会信任等。自然资本是指个人或家庭用于生产和生计活动的自然资源的总和，通常包括土地资源、水资源、矿产资源等。心理资本指的是一种综合认知能力，包括对工作的认知、自我效能感、对风险的态度以及心理韧性等特征（Goldsmith，1997）。美国学者塞利格曼（Seligman，2000）认为应该将可能导致个体积极行为的心理要素纳入到资本的范畴。心理资本与金融资本、物质资本和人力资本一样都具有原始的资本属性。本书在参考现有研究的基础上，将面对风险的态度、对行业发展前景的态度作为评价心理资本的指标。

2.1.2　养殖户

本书所指的养殖户是从事肉牛养殖业的农户和家庭农场，不包括养殖企业。其中，农户是指参加乡村集体经济组织，并具有明确权利、义务的家庭。家庭农场是指依靠自有劳动力能够完成生产和管理的小型农业经营主体，家庭农场的主要收入是农业收入。2008 年的《中国共产党第十七届中央委员会第三次全体会议公报》第一次将家庭农场作为农业经营主体之一提出。本书所指的肉牛养殖户，其劳动力要素以家庭自有劳动力为主，依靠家庭劳动力能够完成的经营管理和生产活动。从资本的角度看，本书所指的养殖户，其生产主要以自有资本为主，区别于养殖企业主要依靠外投资本。

2.1.3　肉牛和母牛

肉牛是一种专门用于生产牛肉的牛种，其特点是体型丰满、生长快、饲料利用率高、肉质佳。除了提供牛肉产品外，肉牛还可以提供其他副产品。在中国有许多肉牛品种可供宰杀食用，如西门塔尔牛、夏洛莱牛、海福特牛、安格斯牛等。母牛即雌性牛，根据生长阶段的不同，可以分为幼龄母牛、青年母牛和成年母牛。幼龄母牛指 7 个月

龄以下的小母牛，育成青年母牛指年龄在 7 个月到配种妊娠（一般
15 个月龄）之间的母牛，成年母牛则是已经性成熟并且产过一胎或
多胎的母牛。本书的最终目的是找到提高母牛养殖积极性的可行路
径，保障肉牛产业的可持续发展。因此，本书所指的母牛是以繁殖肉
用牛为目的能繁母牛（后面统称为母牛）。

2.1.4 养殖决策

养殖决策是指养殖主体在养殖过程中所做出的各类生产决策。
包括经营投入行为、资源利用行为和技术利用行为等。本书所指的
养殖决策是养殖主体作出的有关母牛养殖的生产决策行为和技术采
纳行为，具体是指养殖户对"是否养殖母牛""母牛养殖规模"和
"母牛养殖主推技术采纳"的决策行为。这一系列养殖决策行为基
本涵盖了母牛养殖过程中的养不养（是否养殖）、养多少（养殖规
模）、怎么养（以什么技术方式养），对以上生产决策行为和技术
采纳决策行为的分析，有利于找出影响我国肉牛养殖户母牛养殖积
极性的原因。

2.1.5 母牛养殖主推技术

全国畜牧总站（2014）、许斌（2014）梳理和归纳的肉牛养殖主
推技术包括肉牛良种繁育技术、饲料加工利用技术、牛舍建设与环境
控制技术、饲养管理技术、高档牛肉生产技术等。本书在参考肉牛养
殖主推技术相关内容的基础上，结合调研了解的实际情况，选取母牛
养殖生产中较具代表性的技术进行分析。具体地，本书所指的母牛养
殖主推技术包括标准化牛舍建设技术、专业指导的配方饲料或全混合

日粮（TMR）等饲料加工利用技术、人工授精、同期发情和胚胎移植等母牛繁育技术、粪污资源化利用技术，具体内容如表 2-1 所示。

表 2-1　　　　　　　　　　母牛养殖主推技术

母牛养殖主推技术	具体内容
标准化牛舍	母牛舍、犊牛舍、育成牛舍、育肥牛舍并建有运动场等
专业饲料配方或全混合日粮技术	根据母牛营养需饲喂专业配方饲料或把粗饲料、精饲料及辅助饲料等按合理的比例及要求，利用专用饲料搅拌机械进行切割、搅拌，使之成为混合均匀、营养平衡的日粮
繁殖技术	人工授精、同期发情、胚胎移植、早期妊娠诊断等
粪污资源化利用技术	沼气生态模式、种养平衡模式、达标排放模式等

资料来源：笔者整理绘制。

其中，标准化牛舍建设技术是指根据不同牛的特点，采取适宜的饲养管理方式、饲养标准和畜舍设施设备条件，建立适合生产实际的标准化牛舍及其配套设施设备。专业指导的配方饲料或全混合日粮（TMR）等饲料加工利用技术，是一种用于家畜饲料制备的技术。这种技术可以将不同种类的饲料、精料、饲料添加剂等混合在一起，以形成一种均衡的饲料，满足动物的生长、发育和生产需要，并且可以减少粗饲料浪费，提高饲料利用率。繁殖技术是指通过人工的方法使母牛产生繁殖效应，进而繁殖犊牛的技术。粪污资源化利用技术是指通过不同的处理方式将养殖粪污饲料化、肥料化和能源化，促进粪污从"污染物"向"资源"转化。养殖户在生产中积极应用适宜的养殖技术有利于节省生产成本，提高生产质量以及促进绿色发展。

2.2 理 论 基 础

2.2.1 农户行为理论

农户行为理论是一个经济学理论，旨在解释农户如何做出决策以最大化其效益。该理论认为，农户的决策取决于其现有的资源、风险和不确定性以及对未来收益的期望。农户行为理论在众多学者的不断发展和深化后，逐步形成了三大主流学派，包括理性小农学派、组织学派和有限理性小农学派。

1. 理性小农学派

传统经济学的理性小农学派是 20 世纪 60 年代兴起的一种经济学派别，主要代表人物包括舒尔茨和波普金等。在传统农业中，小农家庭的生产和消费是高度一体化的，主要依赖自耕自食的方式维持生计。小农所面临的农业环境条件和技术水平相对落后，缺乏现代化生产手段和管理经验，通常被认为是懒散且缺乏理性的。但美国经济学家西奥多·舒尔茨（Theodore W. Schultz, 1964）却认为传统农业中的小农与企业家一样，同样是"理性的"经济人，小农在对生产资源进行配置时，也会遵循帕累托最优原则，其生产经营行为是有效率的。他指出小农的生产行为是为了实现利润最大化的目标。他们在购买生产资料时，会广泛对比市场上同类型生产资料的价格后，选择最"划算"的产品，他们时刻都在计算着个人的成本和收益，哪怕只能赚到一个便士。正是由于小农在传统农业中表现出的"理性"，使得西奥多·舒尔茨（Theodore W. Schultz）提倡要保留家庭式农场，并通过给予小农户先进的技术资源来改造传统农业。西奥多·舒尔茨（Theodore W. Schultz）的核心观点是小农是具有"经济理性"的生产者。基于这一观点，美国学者塞缪尔·波普金（Samuel Popkin，1979）对"理性的小农"进行了更深入的探究，他认为小农不仅包括农户，还包括小农农场，小农农场类似于小型企业，是在综合考虑长期利益和短期利益后做出决策的经济人。小农不仅具有"经济理性"，还具有"社会理性"。小农在做出决策时，不仅会考虑自身利益的最大化，还会考虑他人甚至整个社会的利益。

"理性小农"学派主张传统农业中小农会根据成本和收益做出决策，是有理性的。传统农业增长停滞的原因不是因为小农懒散或不思进取，而是因为传统生产要素的边际产出在下降。因此需要现代技术要素来提高传统农业的生产效率。改造传统农业需要为农户创造一定的外部条件，保障农户利润的实现，而不是像恰扬诺夫（Chayanov）等学者主张的削弱小农的作用，通过组建合作社等生产组织来改造传统农业。

2. 组织学派

组织学派是 20 世纪 20 年代末产生一个经济学派别，恰扬诺夫（Chayanov）是该学派的主要代表人物。组织学派的观点与"理性小农"学派的观点不同，组织学派认为小农生产决策的主要目标不是追求利润最大化，而是为了满足家庭基本消费需求。恰扬诺夫（Chayanov）通过对俄国小农生产生活的观察和调研，发现传统农业中的小农户，其生产的产品主要是用于家庭消费。小农户的生产活动与企业不同，不能将计算企业成本收益的方法应用到小农户的行为研究上。恰扬诺夫（Chayanov）认为个体在做出生产决策时，会同时考虑劳动和消费两个方面的效用。当农户的家庭基本需求能够满足的情况下，虽然增加劳动投入能够带来产出的增长，但是也意味着要承担辛苦的劳动过程，即劳动会产生"负效用"，此时农户可能不会继续增加劳动投入；但是在农户的基本家庭消费需求没有得到满足的情况下，农户对收入的增加表现出更加迫切的需求，此时虽然劳动会产生"负效用"，但是农户经过主观评估后，会认为收入带来的"正效用"更高，此时农户会选择增加劳动投入换取更多的收入以满足家庭消费需求。甚至当劳动收入低于市场水平时，农户为了维持基本生活，仍会选择投入更多的劳动，出现"自我剥削"的现象。换言之，农户的行为选择是在资源有限的情况下，通过评估劳动和消费之间的效用，基于效用最大化原则做出的选择。当农户的基本生活无法保障时，农户可能做出一些与利润最大原则背道而驰的经济行为。因此，组织学派认为小农经济是保守的、落后的、非理性的低效率。

传统农业中小农行为的非理性，不仅表现在劳动投入上，其他生产要素投入也有类似的情况。例如土地投入，由于土地所有权者的地位类似于垄断者，他们控制了农民必须依赖的土地资源。在这种情况下，土地所有权者可以通过提高租金来获取额外的收益，而农民则被迫支付这些额外的租金，否则就无法维持生计。如果土地所有权者提高的租金超过了农民的收入，那么就意味着农民必须花费大部分甚至全部的收入来支付租金，以至于他们的生活水平下降到了最基本的生存水平，无法维持正常的生活和生产。恰扬诺夫（Chayanov）称这种现象为"饥饿租金"，认为这是一种非常不公平的现象，它让土地所有权者获得了不合理的收益，同时却摧毁了农民的生活和生产能力。他主张通过政府的干预来解决这个问题，例如实行土地改革，限制租金的涨幅等措施，以保护农民的权益和提高他们的生活水平。

在恰扬诺夫（Chayanov）对小农经济进行了深刻的剖析后，卡尔·波兰尼等（Karl Polanyi et al.，1957）对小农行为进行了更深层次的探索。在资本主义市场出现之前，经济行为通常是以家庭、氏族和部落为单位进行的。因此，研究这种经济需要考虑到家庭、氏族和部落之间的社会关系和制度，而不能仅仅从市场经济的角度来看待。在这种视角下，经济行为被视为社会实践的一部分，会受到社会制度和文化背景的影响。因此，经济过程的研究需要考虑到诸如政治、文化、信仰和法律等因素的影响。这种方法和框架的目的是理解不同社会的经济行为，并解释经济制度的演变过程。

美国经济学家詹姆斯·斯科特（James C. Scott，1976）通过案例分析对卡尔·波兰尼等（Karl Polanyi et al.）的观点进行了进一步的阐释。詹姆斯·斯科特（James C. Scott）在他的著作《农民的道义经济学：东南亚的反叛与生存》一书中，通过对东南亚农民的研究，提出了"道义经济"这一概念，强调农民在经济决策中所考虑的不仅仅是经济利益，更注重道德和社会的因素。在农民的"道义经济"中，社会认同和道德价值观起着至关重要的作用。詹姆斯·斯科特（James C. Scott）认为，农民在选择农作物种植、土地使用、合作和互助等方面的决策，通常不仅仅考虑利润最大化，还要更加关注社会公正和个体生存的保障。安全是农民生活中的核心价值，因此他们会选择能够保障安全的决策。例如，即使一些农民可能有机会通过种植高价值作物来获得更高的收入，但由于这些作物的生产存在较高的风险，他们可能会更倾向于选择低风险的作物，以确保他们的生计不会被威胁。"道义经济"概念对经济学的发展产生了深远影响，强调了社会因素对经济决策的影响，拓宽了经济学研究的视野。

组织学派还提出了家庭周期说，即家庭在生命周期内会经历不同的阶段，如婚姻、生育、子女成长等，这些阶段会影响家庭的生产和消费决策。在生产决策方面，在家庭刚刚成立的阶段，夫妻双方通常都会积极投入劳动，以确保家庭经济稳定。而在子女教育阶段，家庭成员可能会减少劳动时间，以照顾孩子和家庭。在老年阶段，家庭成员可能会减少劳动时间，增加休闲时间。在消费决策方面，通常在婚姻和生育阶段，家庭成员会面临更多的支出。在子女教育阶段，家庭成员会面临更多的教育支出等。在老年阶段，家庭成员可能会面临医疗和养老等方面的支出。在家庭周期的不同阶段，农户会做出不同的生产和消费决策，以更好地应对不同阶段的挑战和机遇。

3. 有限理性小农学派

有限理性小农学派认为农户行为可以被视为"有限理性"的。有限理性指的是农户的决策是基于有限的信息和资源，并受到个人经验、态度和偏好等因素的影响。农户不一定会做出最优决策，而是会在可接受的成本和风险范围内做出尽可能好的决策。美国加州大学的黄宗智教授是这一学派的主要代表人物，黄宗智（1995）通过对中国传统农业中的小农户进行调查研究，发现中国的农民既不完全是非理性的、低效率的农业生产者，也不是单纯追求利润最大化的理性经济人。农户是具有有限理性的决策者，他们的决策是基于他们所拥有的信息来做出的。但是由于信息资源和农户自身认知能力的限制，农户无法获得所有必要的信息和分析所有可能的决策，不能全面地评估决策的影响。农户通常面临时间和成本的限制，也无法花费过多的时间和资源来收集和整理信息。同时，农户的决策还受到个人经验、态度和偏好等因素的影响。例如，一些农户可能更注重风险管理，而另一些农户可能更注重生产效率。农户的社会和经济背景也会影响他们的决策，例如，贫穷、文化程度和地理位置等。风险也是影响决策行为的重要因素，例如，市场上的价格波动、市场需求和竞争风险等因素会影响农户的决策。农户需要考虑这些因素，并在可接受的成本和风险范围内做出决策。在有限理性的背景下，农户可能会做出一些次优的决策，但这并不意味着他们是不明智或不理性的。相反，农户往往会在他们认为最好的情况下做出决策，尽可能地利用他们所拥有的资源和信息。这一观点引起了广泛的关注和争议，但也为中国农村改革和发展提供了有益的思考和启示。

4. 农户行为理论对本书的启示

随着经济社会的不断发展，我国农业生产和农户特征发生了许多变化。当前中国农村的实际情况已不再适合将农户行为单纯地看作"追求利润最大化的理性人"或"在信息不对称的情况下做出的完全非理性决策"的生产者。农户分化和农民收入大幅提高的现阶段，分析农户的经济行为，需要考虑不同类型和不同生计资本水平会对经济机会做出不同的响应。不同生计资本水平、结构和协调程度的家庭生产和经营目标不同，生产决策必然也存在不同。同样，不同生计资本水平、结构和耦合协调度的养殖主体，在母牛养殖决策行为方面也存在差异。因此，本书在探讨生计资本对母牛养殖决策行为的影响时，需要对肉牛养殖户的生计资本水平进行测度，并区分不同的生计资本水平、结构和协调度对养殖决策行为的不同影响。

2.2.2　可持续生计理论

1. 可持续生计理念的形成

可持续生计的研究思想起源于20世纪80年代，阿马蒂亚·森（Amartya Sen）对贫困和饥荒问题进行了深入的分析，并提出了可持续能力的概念。可持续能力指的是一个人、社区或国家在特定的环境和资源条件下，能够自主地、持久地满足其基本需求并实现其发展目标的能力。这一概念强调了在实现可持续发展目标的过程中，需要重视社区和个人的自主性和参与性，同时也需要考虑到环境和资源的可持续利用。可持续能力的概念对可持续生计理论的形成和发展产生了重要的影响。

在阿马蒂亚·森在《贫困与饥荒：论权利与剥夺》里提出的"可持续能力"概念的基础上，许多学者又进行了深化和拓展，提出了"生计"的概念，并强调了生计的可持续性，即人们谋生的方式不仅需要考虑当前的生计水平，还需要考虑未来的可持续性，以及对环境和社会的影响。生计的可持续性需要基于个体的能力、资产和活动，使其能够应对压力、冲击和挑战，生计的可持续性还包括为后代提供可持续生计的机会。查默斯等（Chambers et al.，1978）认为可持续生计的核心要素是能力、平等和可持续性，认为这些因素是相互关联、相互依存的。能力指的是个体的技能和知识，以及对资源的控制和管理能力；平等指的是社会中的公正和平等，以及对生计资源的公平分配；可持续性指的是生计方式能够实现经济的增长外，还不会耗尽生产资源。可持续生计理论被广泛地应用于农村发展、自然资源管理、社区发展等领域。

2. 可持续生计分析框架研究

1987 年，在挪威奥斯陆举行的"世界环境与发展大会"上，将"生计"和"生计的可持续性"归纳为"可持续生计"。可持续生计的核心是通过有效地利用资源、提高生产力和保护环境，为人们提供足够的食品、水、能源和其他基本需求，并保护自然生态系统的完整性和稳定性。国内外学者在这一概念的基础上，对可持续生计理论进行了广泛的研究和拓展，建立了许多不同的分析框架。学者斯库恩斯（Scoones，1998）和贝宾顿（Bebbington，1999）提出的生计分析框架，旨在帮助人们了解农户的生计资本、生计策略和生计结果，以及他们如何应对外部变化和压力。此外，美国关怀国际（CARE）、乐施会（Oxfam‑GB）和国际发展协会（SD）等组织也提出了自己的生计分析框架，以帮助人们了解贫困和可持续生计问题，并制订可操作的解决方案。这些框架都强调了不同类型的资本和能力以及家庭和社区的策略选择和生计结果。在众多可持续生计分析框架中，英国国际发展署（DFID）提出的可持续性生计分析框架是当前研究中应用最为广泛的分析框架之一。该框架将生计资本从不同维度进行了划分，这些不同维度的生计资本相互作用，共同决定了一个家庭或社区的可持续性生计。图 2-1 展示的是英国国际发展署（DFID）提出的可持续生计分析框架。

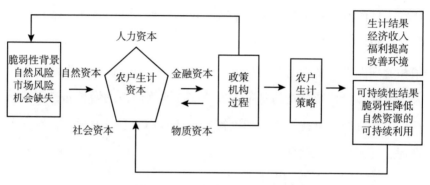

图 2-1　可持续生计分析框架

该框架中脆弱性环境是指个体或家庭在外部环境变化时容易遭受损失。这种脆弱性环境主要由一系列外部因素和内部因素造成。外部因素包括社会经济、政治、人口、自然环境、气候等各方面因素，这些因素对个人、家庭、社区和国家的发展和生存都会产生直接或间接的影响。内部因素主要指缺乏应对外部环境变化的能力和方法，例如教育、技能、健康、社会网络等方面的因素。在一个脆弱性环境中，人们更容易受到贫困、疾病、暴力、灾害等方面的影响，因此需要采取有效的措施来提高自身的适应性和抗风险能力。

生计资本依据不同维度划分为五种类型。具体地，人力资本是指个体拥有的知识、技能和经验等能够增加其生产力和经济价值的资产，这些资产可以通过教育、培训、工作经验等方式进行积累和提高。社会资本则是指个人和家庭所拥有的社会关系网络，包括亲戚朋友、社交组织、社区和社会网络等。这些社会关系对于获取资源、信息和支持具有重要作用。自然资本是指人们生存和发展所依赖的自然资源，如土地、水资源、空气和气候等。物质资本是指在生产和经济活动中使用的物质资源，包括设备、工具、原材料和产品等实体资产。金融资本是指在金融市场上以金融工具和交易为手段，积累财富和获取利润的资本。金融资本通常包括股票、债券、货币市场工具、期货、期权等金融产品。

生计策略指的是一个人或家庭为了维持其生计和生活所采取的一系列决策和行动。生计策略通常包括如何获得收入、选择工作、管理家庭预算、投资和储蓄等方面的决策，同时也包括如何利用社会资源、人际关系和个人技能来提高生活水平和增加收入。生计策略通常是在考虑脆弱性环境的基础上，根据个人或家庭的目标、资源、技能和环境等因素而制定的。

生计结果指的是一个人或家庭在执行其生计策略后所取得的经济和社会成果。这些成果可以包括收入水平、就业稳定性、家庭预算管理能力、资产和负债状况、教育和职业发展机会等。生计结果也可以衡量一个人或家庭在满足基本生活需求、提高生活水平和实现长期目标方面的成功程度。DFID 可持续生计分析框架反映出环境脆弱性、生计资本、生计策略和生计结果的互动关系。

3. 国内学者对可持续生计的相关研究

国内学者对可持续生计也开展了许多研究，关于可持续生计研究的关注点在于探索农村贫困的根源，寻求解决贫困问题的有效途径，减轻贫困家庭的生计脆弱性，提高其抵御风险的能力等。窦明宸（2022）通过对山西省平定县脱贫农户进行调研，基于案例分析提出返贫阻断机制。研究结果表明，返贫成因主要是由于农户自身思想落后、产业单一化等。罗万云等（2022）对新疆和田市农户的相对贫困状况进行了测度，研究发现生计资本对农户的相对贫困状况有显著的影响，尤其是金融资本的缺少会直接影响农户的相对贫困状况。王海春（2017）以内蒙古牧民为研究对象，探讨了生计资本水平对牧民收入的影响，研究发现生计资本水平低是导致牧民收入低的重要因素，不同维度的生计资本对牧民的收入有不同的影响。

生计多样化也是国内学者在农户生计研究领域探索的重点内容。农户家庭生计活动的多样化指的是农户在农业生产之外从事其他经济活动，通过多样化的经济活动，农户可以减少对单一经济来源的依赖，增加收入并提高家庭生计水平，进而提高抵御风险的能力。王晶等（2021）利用中国家庭金融调查数据对农户生计多样化水平进行了分析，研究发现农村居民生计多样化程度整体不高，数字金融可以提高其生计多样化水平。刘雅美（2019）通过分析土地流转对农户生计多样化的影响，认为土地流转会显著促进农户生计多样化水平的提升，而农户生计多样化意味着农户可选择的生计方式更多，能够有效地增加农户收入。孙贵艳（2018）以甘肃秦巴山区农户为研究对象，探讨了影响秦巴山区农户生计多样化水平的因素，研究发现耕地状况、对教育的重视程度、固定资产状况等因素对农户的生计多样化水平有显著的影响，农户生计多样化水平越高，平均收入就越高。黎洁等（2010）对西安周至县林业户和其他农户进行了对比研究，发现生计多样化程度较高的林业户，其收入状况整体好于其他生计多样化的农户。

政策对农户生计状况的影响，也是农户可持续生计研究领域的重点内容，众多学者对此进行了讨论。陈霏璐等（2022）通过对青海、河南的蒙古族自治县进行实地调研，分析了草原生态补奖政策的实施对青海牧民生计水平的影响。研究表明，草原生态补奖政策实施后牧民的生计脆弱性水平有所增加。张志敏（2022）以宁夏盐池县为例，分析了退耕还林（草）政策在宁夏盐池农户生计策略选择过程中所起的作用。研究发现，退耕还林（草）政策对生计策略的选择和转变均有显著影响。黄鑫（2020）基于 DFID 的可持续生计分析框架，对水源地保护政策与农户生计策略选择间的关系进行了分析。研究发现，水源地保护政策实施后大量农户被迫外出务工，生计策略向非农化转变。司瑞石等（2019）基于河北、河南和湖北三省生猪养殖户的调研数据，分析了畜禽禁养政策对养殖户家庭收入和生计策略选择产生的影响。研究结果表明，畜禽禁养政策实施后，禁养区养殖户的非农收入有所增加，但是家庭总收入和人均收入显著下降，并且养殖户之间的收入差距显著扩大。

4. 可持续生计理论对本书的启示

当前国内外关于农户生计的研究，大多基于可持续生计理论展开，研究成果非常丰富。但可持续生计理论在养殖决策领域的应用相对较少。这可能与养殖活动的复杂性和多变性有关，养殖决策受到多种生计资本因素影响。在分析框架上，当前国内对可持续生计的研究大多是基于 DFID 提出的分析框架，虽然该分析框架有助于开展生计研究，但中国的农村问题复杂多样，这一分析框架很可能存在适用性不足的情况，研究结果可靠性可能会受到影响。为了增强可持续生计分析框架在实际研究问题中的适用性，需要根据具体的研究对象和研究问题对可持续生计分析框架进行调整，以使其更贴近具体情境，更好地解决实际问题，提高分析结果的可靠性和实用性。同时也有利于将研究结果与实际应用相结合，提高研究的现实意义和影响力。

2.2.3　要素禀赋理论

1. 对要素禀赋认识的演变

要素禀赋是人们生产活动中所需要的最基本的物质条件和投入要素，但是在 19 世纪以前，学术界对要素禀赋尚未有准确的认识，亚当·斯密（Adam Smith）在 1776 年发表的《国富论》中提出了绝对优势理论，大卫·李嘉图（David Ricardo）在 1817 年发表的《政治经济学和税收原理》中提出了比较优势理论，这两个理论对经济学的发展产生了深远的影响，但是这些理论都没有对要素禀赋进行清晰的阐述，他们都假设工资是生产的唯一成本。直到 20 世纪初，赫克歇尔和俄林（Eli. Heckscher and Bertil Ohlin）指出不同国家之间的生产率差异是由于它们拥有不同的生产要素禀赋（如劳动力、资本、土地等）而导致的。例如，某些国家拥有丰富的自然资源，而另一些国家则拥有较为发达的科技资源，这些禀赋差异将导致不同国家在生产同一种商品时的成本和效率不同，这些禀赋差异也是导致不同国家产生比较优势存在的根本原因。但是瓦西里·莱昂捷夫（Wassily Leontief）在 1953 年分析了美国的贸易结构，发现美国进口的主要是资本密集型产品，出口的主要是劳动密集型产品，然而美国的资本禀赋比劳动力禀赋更充裕，这就与赫克歇尔和俄林的理论相悖。为了解释这一现象，众多学者开始对要素禀赋进行了深入的研究，将自然资源、人力资本等列入了要素禀赋的范畴。

2. 要素禀赋理论的应用

要素禀赋理论在国际贸易研究领域应用的较为广泛，它是比较优势理论的一种拓展和深化。要素禀赋理论认为，国家因其生产要素的禀赋不同，使得其生产和贸易的方向也不同。根据要素禀赋理论，如果一个国家拥有丰富的某种生产要素，那么它会在这种生产要素的利用上拥有相对优势。例如，如果一个国家有大量廉价的劳动力，那么它就可能在生产劳动密集型产品方面具有比其他国家更大的竞争优势。同样的，如果一个国家拥有充足的资本和技术，那么它可能在生产资本密集型产品方面具有竞争优势。该理论弥补了比较优势理论在分析各国差异产生原因时的不足，提出了一个更加完整的国际贸易理论框架。在赫克歇尔和俄林提出要素禀赋理论后，众多学者对要素禀赋理论进行了补充和完善，美国经济学家保罗·萨缪尔森等（Paula. Samuelson et al.，1948）发表了一系列关于要素禀赋与贸易领域的著作，认为各国之间可以利用自身的资源和要素差异来实现互利贸易，从而达到经济增长和发展。但是他们也指出，随着时间的推移和要素禀赋的变化，一个国家的比较优势可能会发生改变，甚至可能会陷入"比较优势陷阱"，导致经济停滞甚至衰退。理查德·豪斯曼（Ricardo hausmann，1994）在对要素禀赋与经济发展关系的研究中，提出相对于资本和劳动力的数量，要素质量对经济增长的影响更大，因为高质量的要素可以提高生产率和创新能力，从而促进经济发展。要素质量包括人力资本、技术水平、制度环境等资本的质量状况，这些要素对经济的增长和发展起着至关重要的作用。例如，一些发达国家拥有受过高等教育的劳动力、高水平的技术和创新能力以及健全的制度环境，这些都是它们实现经济增长和发展的重要因素。相反，一些发展中国家可能面临着劳动力教育水平低下、技术水平较低、制度环境不完善等问题，这些要素的质量不足可能会制约经济增长和发展。如果一个国家想要实现经济发展和增长，它需要关注要素质量的提高，而不仅仅是要素数量的增加。

3. 对农业生产要素禀赋的认识

农业要素禀赋是影响一个国家农业发展的重要因素之一，它包括传统的自然资源、劳动力和资本等物质要素，也包括现代的科学技术和制度等非物质要素。随着科学技术和制度的进步，传统物质禀赋的作用不断减少，而现代要素，如科学技术要素等，在农业发展中具有重要的作用日益凸显。科学技术要素可以提高农业生产的效率和质量，减少资源浪费和环境污染，促进农业现代化和可持续发展。尤其是应用科学技术，可以为农业生产带来更直接的效益，促进农业现代化和国民经济发展。制度也是农业发展中不可或缺的要素。一个健全的制度可以为农业发展提供保障和支持，调动和创造要素，促进农业生产和经营的规范化和现代化。例如，土地制度、农业保险制度、农业补贴制度等，可以促进农民土地的流转、保护农民的利益、提高农业生产的稳定性和可持续性。此外，农村基层组织建设、农民专业合作社等制度安排，也可以协调农民的生产和经营活动，优化资源配置，提高效益。

4. 要素禀赋理论对本书的启示

要素禀赋理论虽然在研究国际贸易相关问题时应用较多，但在农户行为研究领域也具有重要意义。农户在进行生产决策时，需要考虑自身所在区域的土地、水资源、物质资源、人力资源等要素禀赋状况，以及市场需求和价格走势等因素。从本书分析视角来看，肉牛养殖户选择是否养殖母牛、母牛养殖规模以及母牛养殖主推技术采纳时，需要考虑自身的生计资本禀赋情况。不同的生计资本水平、结构协调程度，决定了农户生产行为要达到的目的不同。当农户追求的生计目的不同时，其做出的生产决策行为也会表现出差异性。例如，对于一些生计资本水平相对较低的农户，他们可能更加注重增加收入和改善生活质量，会更倾向于选择一些利润较高的养殖项目，以获取更高的经济收益。而对于一些生计资本水平相对较高的农户，他们可能更注重经营稳定和风险控制，会更倾向于选择一些市场需求相对稳定、利润相对较低但风险较小的养殖项目，以保证经营的稳定性和可持续性。

2.3　影响机理及研究假设

生计资本是养殖户用于维持家庭生计和发展养殖事业的基础，生计资本具有增值性、流动性和有限性等特征。通过生计资本的配置和交换，能够为养殖户带来收益，提高养殖户的生计能力。养殖户所拥有的各项生计资本水平、结构以及协调程度，会影响养殖户的生计多元化水平及生计策略。生计资本越丰富的养殖户，可选择的范围往往也越大，而且具备在不同生计策略中灵活转换的能力，以保护其生计安全。养殖户生计策略事实上就是养殖户根据其生计资本组合作出的各种行动策略。所以，养殖户的生计资本水平、结构和协调程度，是其采纳和调整生计策略的重要依据。具体到本书，肉牛养殖户的生计资本数量、结构和协调程度的改变会影响其养殖决策行为，即养殖户选择是否养殖母牛、母牛养殖的规模以及采用什么养殖技术等。各类型的生计资本从不同方面影响着养殖户的母牛养殖决策行为。

2.3.1　生计资本对是否养殖母牛和母牛养殖规模决策行为的影响

1. 生计资本水平对"是否养殖母牛"和"母牛养殖规模"决策行为的影响机理

人力资本。人力资本是养殖户从事任何生产活动的基础，在养殖户母牛养殖决策行为中发挥着不可替代的作用。人力资本包括劳动生产者年龄、受教育程度和培训等多个方面。劳动力数量和劳动力质量对养殖户是否养殖母牛及母牛养殖规模决策行为的影响主要表现为：人力资本数量较充裕的养殖户一般能够承担劳动强度高的养殖活动，而母牛养殖与专业育肥相比需要更精细化的管理，且难以完全依赖机械化，因此劳动力丰富的养殖户做出养殖母牛和扩大母牛养殖规模决策的概率更大。人力资本质量较高的养殖户，文化程度和掌握养殖技术的能力更高，生产经验更丰富。母牛养殖与专业育肥相比，需要更专业的技术和养殖经验，具有一定的技术门槛，人力资本质量较高的养殖户做出养殖母牛和扩大母牛养殖规模决策的概率更大。因此，人力资本对是否养殖母牛和母牛养殖规模决策行为具有正向影响。

物质资本。物质资本也被称为实物资本或实体资本，是生产过程中不可或缺的一种生产要素。农户物质资本的质量和数量直接影响到其生产效率和竞争力。基础设施完善的养殖户能够为牲畜提供更好的环境，而母牛养殖比专业育肥更需要适宜的环境以及一定的运动空间，保障母牛繁殖能力。因此基础设施更完善的养殖户做出养殖母牛和扩大母牛养殖规模决策的概率更高。生产工具的数量和质量会影响生产成本、生产效率进而影响养殖收益。生产工具丰富的养殖户，能够通过机械设备提高生产效率，节省人力成本，有利于扩大生产。但也有学者分析机械设备等生产工具丰富的农户，往往希望通过机械替代人力劳动，倾向于选择适宜机械化和标准化生产的行业。专业育肥比母牛养殖更适宜机械化、标准化和规模化生产，出于这一考量，机械设备等物质资本拥有量较丰富的养殖户也可能会倾向于选择专业育肥模式而不养殖母牛。基于以上分析，物质资本中畜舍等基础设施对养殖户是否养殖母牛和母牛养殖规模的决策行为有正向影响，机械设备等生产工具对养殖户是否养殖母牛和母牛养殖规模的决策行为有负向影响。

金融资本。金融资本是现代经济中非常重要的一部分，也被称为虚拟资本或金融商品，它通常不是直接用于生产过程，而是被用于投资和交易从而产生财富。金融资本的流动性较高，投资收益也较大，但同时也带来了金融风险和波动性。金融资本丰富的农户往往有着较强的经济实力，并且能够承担生产行为带来的相应风险（Maslow，1943；刘可等，2019）。金融资本反映养殖户自有资本和融资的能力。一般来讲，由于母牛养殖具有一次性投入大的特点，养殖户的家庭存款、理财产品等金融资本丰富时，可以为养殖户提供养殖母牛所需的资金，提高养殖户养殖母牛的概率。但是借贷能力也是养殖户金融资本的体现，金融借贷是当养殖户无法维持基本运营时，缓解生计的手段，对养殖决策也有影响。结合调研了解到的情况，养殖户的借贷金额较高时，往往会限制其养殖母牛。一般来说，借贷资金较多的养殖户，可能会受还款压力影响，选择资金周转快的专业育肥模式。基于以上分析，金融资本中自有资金的水平对养殖户是否养殖母牛和母牛养殖规模决策行为具有正向影响，而借贷金额对养殖户是否养殖母牛和母牛养殖规模决策行为具有负向影响。

自然资本。肉牛养殖作为草食畜牧业的天然特性决定了养殖户对土地、饲草料等自然资源的高度依赖性，所以本书以土地资源和饲草料资源来反映养殖户的自然资本状况。母牛养殖的周期长，与专业育肥模式相比，会消耗更多的饲草料。一般地，饲用作物种植面积大的养殖户能够以更低的成本饲喂牲畜，一定程度上减轻母牛养殖周期长带来的高额饲喂成本，做出养殖母牛和扩大母牛养殖规模决策的概率会更大。此外，自有或租用的耕地数量多的农户，可利用的秸秆等农作物副产品较多，而母牛养殖是消纳秸秆等农作物副产品的重要途径，因此养殖户拥有的耕地资源对养殖户是否养殖母牛和母牛养殖规模决策行为也具有促进作用。自有或租用的草场面积大的养殖户，也意味着可以选择更多元的养殖方式（如放牧或半放牧），做出养殖母牛和扩大母牛养殖规模决策的概率更大。

社会资本。社会资本是指人们在社会中互相建立的关系网络，以及这些关系网络所形成的信任、合作、互惠和社会规范等资源。社会资本是一种无形的资源，它不像物质资本和金融资本一样具有量化的形式，但它对社会和经济的发展同样具有重要的影响力。社会资本包括各种社会网络和组织，例如家庭、朋友、邻里、社区、公民团体、政治组织等。这些社会网络和组织通过形成信任、合作、彼此支持等关系，为人们提供了许多资源，例如信息、帮助、支持等。社会资本丰富的养殖户对母牛养殖综合效益的稳定性认知往往较高，更倾向于做出养殖母牛和扩大母牛养殖规模的决策。基于此，社会资本对养殖户是否养殖母牛和母牛养殖规模决策行为具有正向影响。

心理资本。心理资本反映了养殖户承受风险的心理能力和对产业发展前景的态度。养殖户面对风险的态度越积极，对风险发生的承受力也更强。母牛养殖周期长，面临的疫病风险、市场波动风险、死亡损失风险较大，心理资本相对丰富的养殖户，风险承受能力更强，选择进入母牛养殖业和扩大母牛养殖规模的概率更高。对产业发展的前景越看好的养殖户，更注重肉牛产业的长远发展，对母牛养殖重要性的认识也更加深刻，通常会选择养殖母牛和扩大母牛养殖规模。因此，心理资本对养殖户是否养殖母牛和母牛养殖规模决策行为具有正向影响。基于以上分析提出本书的第一个假设。

假设1：生计资本水平越高越能促进养殖户养殖母牛和扩大母牛养殖规模。

2. 生计资本结构对"是否养殖母牛"和"母牛养殖规模"决策行为的影响机理

除生计资本水平外，生计资本结构对养殖户是否养殖母牛和母牛养殖规模决策行为也具有重要影响。养殖户生计资本内部不同资本间配比存在一定差异，这就构成了生计资本结构性差异的现实基础。生计资本结构的合理性是各类资本发挥作用的重要基础（刘可等，2019；唐林等，2020）。一方面，生计资本内部各资本间存在广泛的转化和替代效应，占优势的资本可以通过转化效应或替代弥补某类资本不足的短板。母牛养殖行为是一项生产性投资，不仅需要对基础设施行完善，也需要劳动力等要素的投入。因此人力资本结构占优、自然资本结构占优、物质资本结构占优的养殖户具备养殖母牛所需的基本条件，有利于促使养殖户做出养殖母牛和扩大母牛养殖规模的决策行为。另一方面，金融资本具有较好的转化效应，所以金融资本占优型养殖户可以在劳动力短缺时通过雇佣劳动力解决劳动力不足问题，或在饲草料资源不足时通过租地种植饲草料或购买饲草料等方式解决自然资本不足的问题，对养殖户选择养殖母牛和扩大母牛养殖规模具有正向影响。基于此，提出本章的第二个假说。

假设 2：生计资本结构越有优势越能够促进养殖户养殖母牛和扩大母牛养殖规模。

3. 生计资本耦合协调度对 "是否养殖母牛" 和 "母牛养殖规模" 决策行为的影响机理

生计资本耦合协调度反映的是生计资本内部各类资本间的协调发展水平。其中，耦合度表示各类生计资本通过相互作用而彼此影响的强度，协调度反映生计资本内部要素间在发展过程中彼此和谐一致的程度。这意味着各类资本不仅会直接影响养殖户是否养殖母牛和母牛养殖规模的决策行为，也会通过与其他资本的互动，对养殖户是否养殖母牛和母牛养殖规模决策行为产生影响。各类资本间耦合协调度高越高，表明各类资本间协同一致性越高，各类生计资本不存在明显的短板，生计资本作为整体越可能促进养殖户做出母牛养殖的决策。基于此，提出本章的第三个假说。

假设3：生计资本耦合协调度越高越有利于养殖户养殖母牛和扩大母牛养殖规模。

养殖户生计资本对是否养殖母牛和母牛养殖规模决策行为影响的分析框架如图2-2所示。

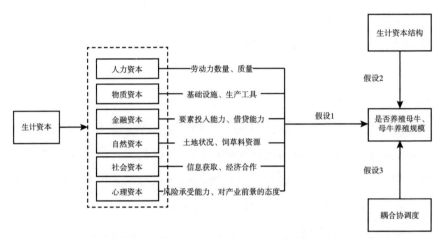

图2-2　生计资本对是否养殖母牛和母牛养殖规模决策行为影响的分析框架

2.3.2　生计资本对母牛养殖主推技术采纳决策行为的影响

养殖户在做出是否养殖母牛以及母牛养殖规模的决策后，需要做出以何种技术方式养殖母牛的决策。养殖户作为母牛养殖的决策主体和技术实施主体，其生计资本水平、结构和耦合协调度会在技术采纳决策过程中起到不同的作用。

1. 生计资本水平对母牛养殖主推技术采纳决策行为的影响机理

人力资本。包括人力资本数量和质量，人力资本数量主要指的是劳动力数量，人力资本数量多，意味着有更多的劳动力可以用于生产和创新，从而促进经济的发展。人力资本质量则反映了人力资源的素质和能力水平。这包括劳动力的教育程度、技能水平、创新能力、健康状况等方面。人力资本质量的提高可以促进技术进步和经济增长，增强竞争力和可持续发展能力。人力资本数量丰富的养殖户，可用于母牛养殖的劳动力数量越多，能够通过劳动要素投入的增加提高一定的生产效率，对技术的依赖性相对较少，而劳动力缺乏的养殖户，提高生产效率往往需要依靠先进技术，因而会更积极地了解和寻找能够弥补劳动力不足的技术，对技术的采纳意愿及最终决定采纳养殖技术，一般强于劳动力数量丰富的养殖户；但是人力资本质量高的养殖户，具备更高的认知水平和技能，受教育程度也较高，对母牛养殖相关技术的认知会更深刻，能够对母牛养殖相关技术的应用方式及收益情况有较清晰的理解，当养殖户认为某项技术易于掌握且应用后能带来效益，往往具有较高的采纳意愿，进而对养殖户最终采纳母牛养殖主推技术具有促进作用。

物质资本。物质资本是影响养殖户是否采纳母牛养殖相关技术的重要因素，物质资本丰富的养殖户，具备技术应用的物质基础，因此当养殖户对某项技术充分了解后，通过对该项技术的有用性和易用性进行判断，如果某项技术与自身的物质资本相匹配，能够带来效益且易于掌握时，养殖户的技术采纳意愿会有所提升，进而促进养殖户做出技术采纳的最终决定。

金融资本。金融资本是指资金的流通和交易所形成的财富，金融资本水平越高，意味着养殖户拥有经济支付能力和风险承担能力更强，金融资本丰富的养殖户也通常是技术企业进行技术推广和宣传的首选对象，能够更好地掌握和应用母牛养殖主推技术，对母牛养殖主推技术带来的效益认知也较深，因此技术采纳意愿较高，同时由于金融资本丰富的养殖户具备较好的支付能力，因此技术采纳的能力也较强。

自然资本。自然资本是指自然界提供的、可以用于经济活动的资源和服务。自然资本对于养殖户的生产活动和经济发展具有不可替代的作用。自然资本丰厚的养殖户，通常更注重自然资源的可持续利用，在技术的利用上往往更注重技术对环境的影响，确保自己拥有的自然资本不受到破坏，因此会对某项技术进行深度了解，并对比多项技术后，基于对技术的有用性和易用性判断的基础上做出采纳决策。自然资本丰富的养殖户，往往倾向于环境友好的技术，注重长远利益，对新技术持谨慎的态度；在最终的技术采纳行为上，自然资本丰富的养殖户往往可以通过加大自然资源的投入力度提高生产效率，降低生产成本，所以技术采纳一般少于自然资本相对较少的养殖户。

社会资本。社会资本是指为达到生计目标用到的各种社会资源，社会资本在养殖户技术采纳决策过程中具有非常重要的作用。在采纳新技术的过程中，人们需要协作共同解决各种问题。社会资本可以帮助人们建立信任、减少冲突和合作障碍，从而促进合作的实现。社会资本水平有助于养殖技术信息的流动，降低养殖技术的搜寻成本，提升养殖场户技术认知水平，增强养殖户技术采纳意愿。此外，养殖户家庭有人承担社会工作如村干部、兽医等，会提高养殖户对政府技术推广部门、村干部等政府工作人员的信任，社会信任程度高可以帮助人们理解和适应不同的社会和文化环境，从而更好地推广和应用技术。因此，社会资本对养殖户的技术采纳意愿和采纳行为具有正向影响。

心理资本。心理资本反映了养殖户面对风险的态度和对产业前景的态度。一般来说，风险态度积极的养殖场户倾向于探索和尝试新事物，往往对养殖技术的认知广度和深度优于风险态度保守的养殖场户。由于新技术使用早期通常面临着诸多不确定性和风险。例如，新技术可能需要高昂的投资，收益可能会受到市场需求、自然环境、政策等多种因素的影响，也可能会存在生产上的技术难点。这些原因导致许多农户可能会对新技术的采纳持谨慎态度，而只有少数风险偏好型农户愿意率先采用。率先采用新技术的农户通常与其他农户存在着社交联系，可以通过社交网络传递信息和建立信任，促进新技术的传播和推广。在这个过程中，示范效应也非常重要。当其他农户看到邻居或同行采用新技术取得了成功，并能够获得更高的收益时，他们通常会更加倾向于采用新技术。这种示范效应可以促进新技术的推广和应用，并帮助更多农户享受新技术带来的好处。因此，具有较好的心理素质、风险偏好强的养殖户更易于接受新技术，并表现出采纳意愿，对待损失能够保持积极心态的养殖户也更易于尝试新技术。对产业前景的态度积极的养殖户注重产业的长远发展，往往愿意在养殖技术上进行投入，以获得长期利益，因此对母牛养殖主推技术的采纳意愿和采纳行为具有促进作用。

从以上理论分析可以看出，养殖户的生计资本各个维度对养殖技术认知存在影响，而且技术有用性和技术易用性认知会间接影响养殖户母牛养殖主推技术采纳决策行为。基于此提出假设 4。

假设 4：生计资本水平越高养殖户采纳母牛养殖主推技术的意愿越高，越有利于养殖户采纳母牛养殖主推技术采纳。

2. 生计资本结构对养殖户母牛养殖主推技术采纳行为的影响机理

生计资本结构的差异会影响养殖户在做出生产决策时对各类生计资本的配置情况，优势资本是养殖户做出生产决策时的主要依据，弱势生计资本是养殖户生产决策的限制性因素。优势资本在这里是指养殖户在某一方面相对其他方面具有更多的优势和资源。例如，如果养殖户拥有先进的技术和设备，那么优势资本可能就是物质资本，因为这些技术和设备能够提高生产效率，降低成本，增加利润。然而，弱势资本也是需要考虑的，因为它可能会限制养殖户的生产效率和效益。例如，如果养殖户缺乏人力资源或资金，那么他们可能无法充分利用其物质资本，这将限制他们的生产活动。此外，同一种生计资本结构对养殖户的生产决策也会产生差异化的影响，如物质资本占优型养殖户可能为母牛饲养管理技术提供相应的设备，也有可能因为已有的物质资本不适宜应用某项技术，如果采用新的技术会增加更换机械设备等成本，而抑制采纳某项技术。因此，养殖户需要平衡和最大化他们的资本结构，以实现全面的生产决策。不同生计资本结构对母牛饲养管理技术的影响存在差异，需要进行具体分析。考虑在人力、物质、金融、社会、心理各类生计资本结构具有优势的情况下，养殖户选择的空间更大，在各项母牛养殖主推技术中可以选择与自身生计资本结构相匹配的养殖技术，因此生计资本结构优势有利于养殖户应用主母牛养殖主推技术，基于此，提出第五个假设。

假设5：生计资本结构越有优势则越有利于养殖户采纳母牛养殖主推技术。

3. 生计资本耦合协调度对养殖户母牛养殖主推技术采纳行为的影响机理

养殖户采纳母牛养殖技术需要满足一定条件，如技术适应性、经济适宜性、社会适应性等。同时技术的采纳一方面能够提高生产效率，另一方面也意味着要为技术采纳支付一定的成本。如果生计资本耦合协调度高，各类生计资本间能够互相补充发挥合力，既可以降低技术采纳的成本，也可以提高技术采纳的支付能力，因此，生计资本耦合协调度越高，对养殖户采纳母牛养殖主推技术的意愿和最终采纳行为越有促进作用。基于此，提出第六个假设。

假设 6：生计资本耦合协调度越高，越有利于养殖户采纳母牛养殖主推技术。

基于以上分析，构建理论分析框架如图 2 - 3 所示。

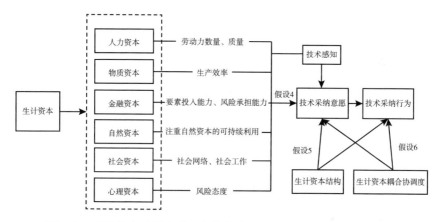

图 2 - 3　生计资本对母牛养殖主推技术采纳决策行为影响的分析框架

2.4　本书总体理论分析框架

从以上理论分析我们可以得知，生计资本是养殖户做出母牛养殖决策的核心支撑，本书主要从水平、结构和耦合协调三个维度出发，对生计资本进行全方位、多层次的刻画，分别反映生计资本的资本充裕度、资本密集度和资本配置合理度。借鉴已有研究对农户生产决策行为的分析，将养殖户母牛养殖决策划分为是否养殖母牛（养不养）、母牛养殖规模决策（养多少）、母牛养殖技术采纳决策（怎么养）。在探究养殖户生计资本对母牛养殖决策行为的影响时分为三个步骤。首先，测度肉牛养殖户的生计资本水平、结构和耦合协调程度。其次，从水平、结构和耦合协调度三个维度出发，多角度、多层次分析生计资本对养殖户是否养殖母牛、母牛养殖规模和母牛养殖主推技术采纳决策行为的影响。最后，探究提升我国肉牛养殖户母牛养殖积极性的可行路径。这样既较为全面地揭示了养殖户的母牛养殖决策过程，也系统地回答生计资本是如何影响养殖户的母牛养殖决策行为。据此，形成全书的研究框架，如图 2-4 所示。

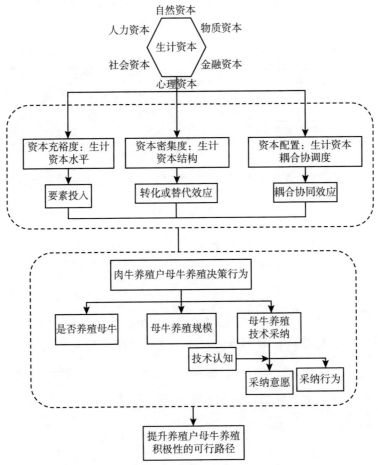

图 2-4　生计资本对母牛养殖决策行为影响的逻辑框架

第 3 章

肉牛产业及母牛养殖业
发展现状与存在问题

养牛业在我国历史悠久，几乎伴随着农耕文明一起发展起来的。养殖目的经历了从"役用"到"兼用"再到"肉用"的转变。改革开放四十多年来，我国肉牛产业实现了快速发展，已形成较为完整的产业链条，牛肉供给能力稳步提升，产业环境日趋完善，肉牛产业已成为我国畜牧业的重要组成部分。母牛的养殖规模直接关系到牛源的稳定和肉牛产业的可持续发展。了解和掌握我国肉牛产业的发展历程，归纳各阶段的基本特征，明晰我国母牛养殖业的现状，并找出当前我国母牛养殖业存在的主要问题，是本书的开展的重要基础。基于此，本章通过对历史资料和数据的回顾，梳理总结我国肉牛产业的发展历程，将我国母牛养殖的存栏现状、成本收益现状、养殖布局情况等进行归纳，并对当前我国母牛养殖业存在的问题进行简要概述。

3.1 我国肉牛产业的发展历程概述

自进入农耕文明以来，我国的养牛业长期以役用为主，直到 20

世纪 80 年代中后期，我国的肉牛养殖逐渐转向市场化和专业化，得到了快速发展。目前我国肉牛的养殖规模和牛肉产量均居世界前列，肉牛的养殖和屠宰加工已经形成了较为完整的产业链，同时还有以肉牛育种、饲料加工、畜牧服务等为主的辅助产业链。参考王明利等（2016）的研究，可以将我国肉牛产业大致分为三个时期，即"肉牛产业起步时期""由传统肉牛产业向现代肉牛产业过渡时期"及"现代肉牛业时期"。

1. 肉牛产业起步时期（1979～1995 年）

根据 1979 年发布的《国务院关于保护耕牛和调整屠宰政策的通知》，随着农业机械化的发展，肉牛的作用将逐渐转向供食用。除了种用公牛和繁殖母牛外，菜牛、杂种牛等肉用牛无年龄限制，可以进行育肥并出售屠宰。这份文件通常被认为是我国肉牛养殖业发展的正式开始（张越杰等，2010；王明利等，2016）。这一文件对繁殖母牛的屠宰进行了限制，极大地保护了肉牛基础母牛，避免了因放松屠宰限制后，为了追求利润杀母牛卖肉的现象。正是这一约束条件，保障了这一阶段我国肉牛牛源的稳定，为此后我国肉牛产业的快速发展奠定了基础。此后《关于加速发展畜牧业的报告》《关于进一步活跃农村经济的十项政策》《关于进一步加强农业和农村工作的决定》等一系列的文件陆续出台，从多领域、多层次进一步释放并推动了我国肉牛产业的发展。其中，1980 年《关于加速发展畜牧业的报告》中明确提出，要转变畜群养殖结构，增加畜禽养殖结构中母畜的比例，加快推进畜群周转速度，再次强调了母牛养殖的重要性。总体来看，该时期我国肉牛产业开始起步，并在国家政策的不断支持下稳步发展。如图 3-1 所示，1979～1995 年牛存栏由 7 134.6 万头增长到 10 420.1 万头，涨幅达到 46.05%，牛出栏由 296.8 万头增长到 2 243.0 万头，增长了 6.56 倍；牛肉年产量由 23.0 万吨增长到

298.5 万吨，增长了 11.98 倍。这一阶段肉牛产业的生产效率相对较低，养殖方式也较为粗放，社会化服务体系也未能够得到充分的完善。但在经济社会不断发展的背景下，肉牛产业的现代化转型已经取得初步进展，我国肉牛产业得到了快速发展，养殖规模不断扩大。

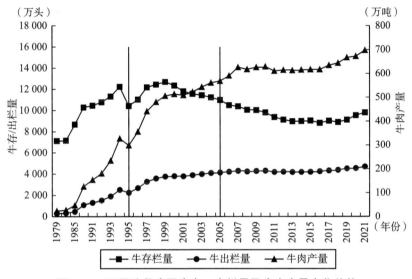

图 3-1 不同阶段我国牛存、出栏量及牛肉产量变化趋势

2. 由传统肉牛业向现代肉牛业过渡时期（1996～2005 年）

随着人民生活水平的逐步提高，对牛肉产品的需求也日益增长。在需求的带动下，我国肉牛产业开始由传统肉牛业向现代肉牛业过渡。这一时期我国本土肉牛生产效率明显不足，难以满足日益增长的牛肉消费需求。20 世纪 90 年代中期，引进国外优良肉牛品种以提高国内本土肉牛的生产效率，受到了越来越多的关注和重视。这标志着肉牛产业已进入现代化成长时期。这一时期我国母牛养殖的基础也较好，据王佳欢（2017）的梳理估计，这一阶段我国山区和农区的户均母牛养殖头数为 3 头，牧区的户均母牛养殖头数为 30 头。自 21 世

纪以来，国家一直在重视肉牛产业的发展，并不断推出相关扶持政策。如2000年，农业部在《关于加快发展西部地区农业和农村经济的意见》中提出，要积极调整畜禽品种结构，大力推广"生长快、肉质好、饲料利用效率高"得优良肉牛品种，并提高优质品种的比重。2003年农业部发布《关于加快农垦养殖业发展的意见》，提出要依据种畜资源、饲料资源、产业基础，确定肉牛和肉羊各自的生产区域和布局。《全优势农产品区城布局规划（2003—2007年)》专门规划和扶持了肉牛产业，并重点建设了中原、东北两个肉牛优势区。此后，这一系列文件和政策对推动肉牛产业的发展起到了重要的作用。如图3-1所示，到2005年，我国牛出栏达到了4 148.7万头，牛肉产量为568.1万吨，与1995年相比，牛出栏和牛肉产量分别增长54.44%和59.71%。随着政策扶持力度的持续加强，以及农业生产机械化水平的不断提升，我国肉牛产业发展进入了一个快速成长的新阶段。

3. 现代肉牛业时期（2006年至今）

经历了肉牛产业的快速发展时期后，我国肉牛产业增速开始放缓，如图3-1所示，截至2021年，我国牛存栏9 817.2万头，出栏量4 707.0万头，牛肉产量697.5万吨，较2005年存栏量下降10.68%，出栏量和牛肉产量分别增长了13.46%和22.78%。该时期肉牛生产增速较上一时期有所放缓，处于转型升级的调整发展阶段，肉牛产业的发展目标也从追求数量的增长转向数量与质量并重的阶段。2006年农业部发布《全国畜牧业发展第十一个五年规划（2006—2010年)》，提出要在保障畜产品有效供给的前提下，提高畜产品质量安全水平。2008年农业部又发布了《全国肉牛优势区域布局规划（2008—2015年)》，明确提出按照中原、东北、西北、西南四大区域布局肉牛产业，积极发挥各区域比较优势，实现全国肉牛产业数量和质量的双重提升。但是这一阶段我国肉牛产业发展也存在一定的问题，受母牛养殖成本上涨和农民就业渠道增多等多方面因素影响，母牛养殖户比重出现明显下滑。母牛资源紧缺导致肉牛产业发展徘徊不前。这一现象直到 2014 年才出现好转，肉牛养殖效益逐步好转，有效阻止了肉牛存栏和母牛存栏的急速下滑趋势。2014 年启动了肉牛基础母牛扩群增量项目，对提高母牛养殖积极性起到了一定积极的作用。近年来，随着乡村振兴工作的开展，肉牛产业成为许多地方实现产业振兴的重要抓手，在这种情况下，对肉牛产业的生产效率、食品安全以及资源节约等方面都提出了新的要求。《关于促进畜牧业高质量发展的意见》为这一时期的肉牛产业发展指明了方向，提出要形成畜牧业高质量发展新格局。自此我国肉牛产业迈入高质量发展的新阶段。多年来，我国肉牛产业在不断扶持和调整中稳步发展，肉牛产业已经成为满足人们消费需求、促进农牧民增收、巩固脱贫攻坚成果、推进地区乡村振兴的重要产业。同时肉牛产业作为消纳农作物秸秆、果蔬残渣等农作物副产品的重要途径，在农业系统良性循环中充当了重要的枢纽环节。未来我国肉牛产业将进一步探索充分实现高质量发展的路径，以提高母牛养殖积极性，解决牛源短缺问题，保障牛群正常周转，是肉牛产业高质量发展的前提条件。

3.2 我国母牛养殖业现状概述

3.2.1 母牛存栏量

根据团队长期承担的全国肉牛定点生产监测任务获取的全国 31 个省

（区、市）（不包括我国的香港、澳门和台湾地区的数据）2010～2021年肉牛能繁母牛年末存栏量数据来看（见图3-2），全国肉牛能繁母牛存栏量从2010年的4 121万头，减少到2021年3 516万头，下降了14.68%。其中，2015～2018年母牛存栏量下降趋势尤为明显，2018年肉牛能繁母牛存栏量为3 168万头，较2010年下降23.10%。这一阶段能繁母牛下降明显，主要是由于饲草料成本快速上涨，养殖户难以承受饲养成本，减少了母牛的饲养，并且这一阶段随着城市化的加速和农村劳动力的流失，一方面养殖用地紧张，另一方面养殖户大量退出肉牛养殖，开始从事非农产业，导致母牛存栏量出现急剧下降。随着近年来肉牛产业整体效益的提升，传导到母牛养殖环节，母牛养殖收益也有所提升。再加上乡村振兴战略的实施，带动了肉牛产业的发展，近年来母牛存栏量有所恢复，但仍处于低位水平，较2010年仍下降14.6%。

图3-2 2010～2021年我国肉牛能繁母牛存栏量

资料来源：根据定点监测数据整理。

从区域存栏量变化情况看，2010～2021 年，能繁母牛存栏量始终排名在前 10 的省份包括：内蒙古自治区、吉林省、黑龙江省、河南省、四川省、云南省。这 6 个省（区）能繁母牛存栏量的变化趋势如图 3 – 3 所示。

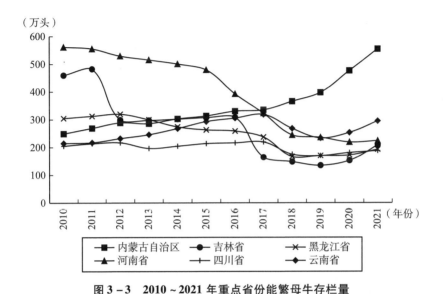

图 3 – 3　2010～2021 年重点省份能繁母牛存栏量

资料来源：根据定点监测数据整理。

从图 3 – 3 中可以看出，内蒙古自治区的母牛存栏量从 2010～2021 年一直处于稳定的上升状态，主要是由于内蒙古自治区肉牛产业发展基础较好，草地资源丰富，具备饲养母牛的优势条件，对能繁母牛养殖的重视程度也较高，母牛养殖优势地位明显。河南省的母牛存栏量在 2010～2021 年处于逐年下降的状态，2015 年后下降趋势尤为明显。河南省作为中国发展较早的肉牛产区，充分利用粮食主产省份的优势，大力发展秸秆畜牧业，成为重要的母牛养殖区域。但是近年来，河南省受养殖用地约束、养殖成本上涨等因素影响，肉牛产业发展缓慢，甚至有所下滑，中原地区就业机会的增加也使得一部分养殖户退出肉牛养殖，母牛存栏量也有所下降。吉林省和黑龙江省的母牛存栏量在 2010～2021 年处于波动下降趋势，但近年来有所恢复，主要是由于东北地区大力发展肉牛养殖，如吉林省提出打造"千万头肉牛建设工程"，对肉牛养殖和母牛养殖都有所激励，母牛养殖存栏量开始恢复；黑龙江省在全国率先制定并出台了《加快推进肉牛产业发展的意见》和《加快推进肉牛产业发展的实施方案》，大力发展"种草养畜"，产生了较好的效果，带动了母牛存栏量的恢复。四川省和云南省母牛存栏量呈波动增长趋势，西南地区依托南方草山草坡等自然资源优势，大力发展牛羊等草食畜牧业，尤其是云南省提出要将云南省打造成"中国牛都"、中国南方重要的肉牛生产基地和高端牛肉供应基地等，相继出台《云南省农业现代化三年行动方案（2022—2024 年）》《云南"十四五"畜牧业高质量发展实施意见》等政策措施，有效地提升了西南地区的母牛养殖积极性，母牛存栏量增长明显。

3.2.2　母牛养殖布局

生产布局的特征通常用生产集中度来反映，生产集中度指"产出指标占全国产出的比重"，本节利用团队长期承担全国肉牛定点生产监测任务获取的除我国的香港、澳门、台湾地区之外的 31 个省（区、市）2010～2020 年肉牛能繁母牛年末存栏量数据，并根据《"十四五"全国畜牧兽医行业发展规划》将全国 31 个省（区、市）划分为东北、西北、西南、中原和其他五个产区，计算其能繁母牛养殖集中度，反映当前我国肉母牛养殖布局现状。产区划分如表 3 - 1 所示，各产区母牛养殖集中度变化情况如图 3 - 4 所示。

表 3 – 1   我国肉牛养殖产区划分

产区	省（区、市）
东北产区	内蒙古、辽宁、吉林、黑龙江
西北产区	陕西、甘肃、青海、宁夏、新疆
中原产区	河北、安徽、山东、河南、湖北、湖南
西南产区	广西、重庆、四川、贵州、云南、西藏
其他	北京、天津、山西、上海、江苏、浙江、福建、江西、广东、海南

资料来源：根据《"十四五"全国畜牧兽医行业发展规划》进行划分。

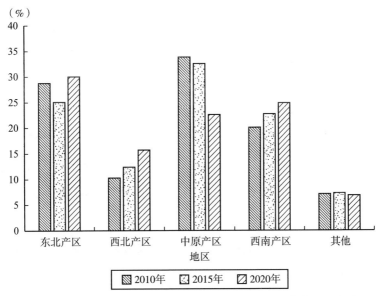

图 3 – 4   2010 年、2015 年、2020 年我国各产区母牛养殖集中度

资料来源：根据定点监测数据整理。

从 2010 年肉牛能繁母牛养殖生产集中度数据看，中原产区能繁母牛存栏占比最高为 33.79%，其次为东北产区能繁母牛存栏占比为 28.77%。反映出这一阶段中原产区养殖肉牛能繁母牛更具优势。从 2015 年肉牛能繁母牛养殖生产集中度数据和变化程度看，东北产区

和中原产区的养殖集中度有所下降，尤其是东北产区下降较为明显，2015 年较 2010 年下降了 3.69%。西南和西北产区养殖集中度有所上升，尤其是西南产区，2015 年较 2010 年上升了 2.65%。表明这一阶段，东北产区和中原产区的母牛养殖集中度开始向西南和西北产区分散。从 2020 年肉牛能繁母牛养殖生产集中度数据和变化程度看，中原产区的养殖集中度有所下降较为明显，2020 年较 2015 年下降了 9.92%。东北、西南和西北产区养殖集中度有所上升。这一阶段肉牛能繁母牛养殖布局呈现出由中原农区带向东北、西南牧区、半牧区省份迁移的趋势。

2010～2020 年中国肉牛能繁母牛养殖重心整体向西南方迁移，生产重心经纬度、迁移距离和迁移方向如表 3-2 所示。从生产重心迁移轨迹看，2010～2020 年肉牛能繁母牛养殖重心向西南方向迁移了 351.81 千米，表明西南方向对能繁母牛养殖的拉动力较强。这主要是由于近年来，西南地区大力发展肉牛产业，依托肉牛产业实现乡村振兴和脱贫攻坚任务。在政策的鼓励下，西南地区因地制宜地发展"山繁川育""户繁企育""房前屋后种草养牛"，有力地带动了当地的肉牛养殖业的发展，而且西南地区的地理和自然条件，使得西南地区大面积的草山草坡蕴藏着饲草生产的巨大潜力，有利于肉牛能繁母牛养殖的扩大。

表 3-2　　　　　2010～2020 年我国母牛养殖重心经纬度

年份	经度	纬度	距离	方向
2010	112.57	38.33	—	—
2011	112.58	36.38	217.08	南偏东
2012	112.57	36.32	6.73	南偏西
2013	112.12	35.88	63.54	南偏西

年份	经度	纬度	距离	方向
2014	111.73	35.73	38.97	南偏西
2015	111.42	35.5	37.98	南偏西
2016	111.11	35.37	31.62	南偏西
2017	110.47	34.87	80.58	南偏西
2018	110.05	35.15	49.38	北偏西
2019	110.16	35.16	10.07	北偏东
2020	109.89	36.00	96.65	北偏西

资料来源：根据定点监测数据计算。

整体来看，当前东北产区和西南产区母牛养殖优势地位明显，西北产区母牛养殖势头良好，中原产区母牛养殖集中度有所下降。我国肉牛能繁母牛养殖生产重心变迁轨迹可以分为三个阶段：第一个阶段为 2010~2012 年，整体向南方迁移，表现出中原产区的养殖重心向外分散的趋势；第二阶段为 2013~2017 年，该阶段整体呈向西南方向迁移的趋势，且迁移距离明显，说明这段时间东北产区的养殖优势下降，西南方向对能繁母牛养殖的拉动力不断增强；第三阶段为 2018 年以后，生产重心向西北方向有所迁移，表明西北方向的拉动力逐渐增强，反映出这一阶段西北产区母牛养殖发展势头良好。

3.2.3　母牛和犊牛架子牛市场价格

从能繁母牛和犊牛架子牛市场价格来看，近几年随着牛肉需求量的增加，母牛存栏量不足导致牛源短缺，进而影响了能繁母牛市场价格和犊牛架子牛出售价格。根据全国肉牛定点生产监测数据所示（见图 3 - 5），2010 年能繁母牛平均市场价格为 6 018.50 元/头，

2021 年能繁母牛平均市场价格已经达到了 18 346.52 元/头，年均增长率达到 11.79%。当前，全国多地大力发展肉牛产业，将肉牛产业作为助力乡村振兴的重要产业，出台了多项扶持政策，鼓励农户养殖肉牛，增收脱贫，受此影响，肉牛产业蓬勃发展，2019 年后能繁母牛市场价格上涨明显。犊牛、架子牛的市场价格与能繁母牛市场价格的变动趋势基本一致，2012 年出售一头 300 千克的犊牛、架子牛价格约为 5 426.75 元，2021 年已经上涨到 13 000 元，年均增长率为 10.19%。能繁母牛价格的高涨增加了母牛养殖行业准入门槛，也在一定程度上增加了母牛养殖的风险，由于能繁母牛价格较高，后期市场波动或养殖过程中发生疫病死亡容易造成养殖户经济损失。犊牛架子牛费用高涨从侧面反映出当前牛源短缺的问题，虽然牛肉需求增长快速，牛肉价格高位运行，但由于牛源短缺，犊牛价格上涨压缩了育肥环节的养殖利润，甚至导致育肥端出现"无牛可养"的困境。

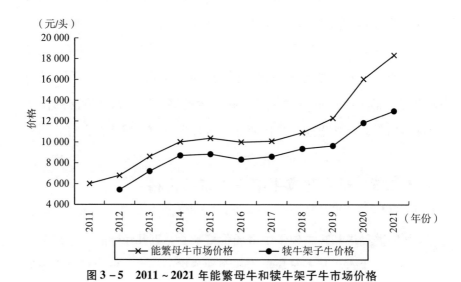

图 3 – 5　2011 ~ 2021 年能繁母牛和犊牛架子牛市场价格

资料来源：根据定点监测数据整理。

3.2.4 　母牛养殖成本收益

能繁母牛养殖的主要目的是繁育犊牛，母牛养殖的收益主要体现为犊牛架子牛的收益，因此母牛养殖的成本收益情况，可以通过专业繁育户的成本收益情况来反映。繁育成本主要包括饲料费用、母畜投入（母牛价值摊销和母牛养殖成本摊销）以及人工成本、固定资产折旧在内的其他费用等。从成本的角度看，在饲草料价格及用工成本不断上涨的情况下，繁育出售犊牛、架子牛的成本呈不断上升的趋势。2021 年，出售一头 300 千克的犊牛、架子牛头均总成本为 8 230.42 元，较 2012 年的 4 413.46 元增长 86.48%，年均增长率为 7.17%；总成本中母畜投入占比最高，近年来繁育犊牛、架子牛总成本增加的主要原因是母畜投入成本的增加（见表 3 - 3）。

表 3 - 3 　　　　繁育犊牛、架子牛总成本及各分项成本变动

年份	出售总成本（元/头）	母畜投入		饲草料投入		人工投入		其他费用	
		绝对值（元/头）	占比（%）	绝对值（元/头）	占比（%）	绝对值（元/头）	占比（%）	绝对值（元/头）	占比（%）
2012	4 413.46	2 513.02	56.94	1 488.22	33.72	261.28	5.92	150.94	3.42
2013	5 148.29	3 010.72	58.48	1 739.61	33.79	250.21	4.86	147.76	2.87
2014	5 204.27	3 280.77	63.04	1 549.83	29.78	220.66	4.24	153.01	2.94
2015	5 935.58	4 001.17	67.41	1 580.64	26.63	254.04	4.28	99.72	1.68
2016	5 251.05	3 581.22	68.20	1 366.32	26.02	249.95	4.76	53.56	1.02
2017	5 350.38	3 715.30	69.44	1 352.04	25.27	234.35	4.38	48.69	0.91
2018	5 247.93	3 690.87	70.33	1 276.82	24.33	229.33	4.37	50.90	0.97
2019	5 726.63	4 112.29	71.81	1 239.82	21.65	313.25	5.47	61.27	1.07

续表

年份	出售总成本（元/头）	母畜投入		饲草料投入		人工投入		其他费用	
		绝对值（元/头）	占比（%）	绝对值（元/头）	占比（%）	绝对值（元/头）	占比（%）	绝对值（元/头）	占比（%）
2020	7 858.43	5 535.48	70.44	1 826.30	23.24	330.05	4.20	1 66.60	2.12
2021	8 230.42	5 451.83	66.24	2 088.88	25.38	457.61	5.56	2 32.10	2.82

资料来源：根据定点监测数据整理。

从收益角度看，近年来，犊牛、架子牛的出售价格的整体呈上涨趋势（见表3-4），2021年犊牛、架子牛出售价格为47.82元/千克，较2012年增长了1.53倍，年均增长率为10.87%，出售价格的上涨带动了母牛养殖收入的增加。2021年出售一头300千克的犊牛、或架子牛，头均总收入为14 347.35元，较2012年的5 671.31元增长了1.53倍，年均增长率10.86%。从净收益来看，2021年出售一头犊牛、架子牛可获得6 115.36元的净收益，较2012年的1 257.85元增长了3.86倍，年均增长率达到了19.21%，呈高速增长。究其原因，犊牛、架子牛出售价格的增速明显高于养殖成本的增速，因此推动母牛养殖的收益整体也呈上涨趋势。犊牛、架子牛价格的快速上涨也从侧面反映出当前牛源短缺的突出问题。

表3-4　　　　　　　繁育犊牛、架子牛收益变化

年份	总收入（元/头）	净利润（元/头）	出售价格（元/千克）
2012	5 671.31	1 257.85	18.90
2013	7 231.59	2 083.30	24.11
2014	7 599.18	2 394.90	25.33
2015	7 736.70	1 801.12	25.79

续表

年份	总收入（元/头）	净利润（元/头）	出售价格（元/千克）
2016	7 492.83	2 241.77	24.98
2017	7 984.05	2 633.67	26.61
2018	8 295.26	3 047.33	27.65
2019	9 613.89	3 887.26	32.05
2020	12 888.95	5 001.73	42.96
2021	14 347.35	6 115.36	47.82

资料来源：根据定点监测数据整理。

3.3　母牛养殖业存在的问题

通过前面对我国肉牛和母牛养殖的发展历程回顾，以及对母牛养殖现状的分析，可以看出，当前我国母牛存栏量处于低位水平，与日益增长的牛肉消费需求相比，母牛存栏量明显不足，养殖户对母牛的养殖积极性依旧不高。结合实地调研情况，我国母牛养殖业仍然存在以下问题。

1. 母牛存栏量不足制约肉牛产业发展，影响牛肉产品稳定供给

当前我国母牛存栏量处于低位水平，导致我国肉牛产业面临着牛源不足、牛肉产量增速缓慢等问题，但从消费端看，牛肉消费需求急剧增长，供需缺口持续加大，国内牛肉市场长期处于供不应求的状态。根据王明利等（2016）对中国肉牛产业周转周期的分析，母牛存栏量对肉牛存栏量的冲击作用在 1 年之内便能达到最大值。从当前能繁母牛存栏水平来看，对于增加肉牛存栏量，弥补国内牛肉供需缺口的作用还远远不足。虽然近年来，多地将肉牛产业作为巩固脱贫攻坚与乡村振兴的一项重要内容来抓，出台了多项利好肉牛养殖和母牛

养殖的政策措施，此外，2019～2020年受非洲猪瘟疫情影响，猪肉价格快速上涨，牛肉作为替代性产品，受到消费者的青睐，肉牛养殖行情高涨，对母牛养殖积极性的提升也起到了一定的促进作用。但母牛存栏量仍处于历史低位水平。受生物特性影响，母牛养殖到犊牛育肥出栏周期较长，从提升母牛存栏量到增加牛肉产量需要较长时间，因此，提升母牛养殖积极性非常紧迫。

2. 母牛养殖成本高、投入大，需要具备一定的生计资本条件

母牛养殖到犊牛和架子牛出售获得收益，需要很长的周期很。母牛怀孕到产下犊牛需要约10个月，犊牛长成为架子牛也需要约10个月。繁育一头犊牛、架子牛，投入的养殖成本至少为8 000元，且随着近年来饲料价格的快速上涨，养殖成本进一步上涨。养殖成本的提高增加了进入母牛养殖业的门槛要求，养殖户只有依托自身具有的人力、自然、物质等资本才能降低养殖成本，增加养殖收益。此外，母牛养殖的风险也较大，养殖周期长，导致市场价格波动等不确定因素增加，给母牛养殖带来很大的风险性，养殖难度也很大，疫病、死亡、流产等风险也会对养殖户造成损失。

3. 政策扶持有利于生产，但母牛养殖扶持力度仍不足

当前我国肉牛产业的相关补贴政策相对较为丰富，主要包括棚圈建设补贴、肉牛良种补贴、冻精补贴、农机购置补贴、粮改饲政策补贴以及粪污资源化利用补贴等。调研数据显示，41.37%的养殖户表示接受过肉牛产业相关政策补贴。一系列肉牛产业相关政策补贴的实施，反映出肉牛产业发展受到重视，但针对母牛养殖的专项补贴力度仍显不足。首先，国家层面的"基础母牛扩群增量项目"在2017年已停止实施，只有个别地方政府继续实施了地方层面的母牛补贴项目，大部分地区没有相应的母牛养殖专项补贴；其次，受各地财政能力限制，补贴标准不一，补贴力度不足，并且设定了享受补贴的母牛

养殖规模门槛标准，导致无法覆盖母牛养殖规模较小的农户。由于母牛养殖需要精细化管理，对母牛的发情、怀孕和生产等情况及时关注，难以实现大规模标准化养殖，主要依靠小规模养殖户进行养殖，但小规模养殖户却无法享受母牛养殖补贴。

4. 母牛养殖技术难度大，技术培训和推广体系不完善

由于母牛养殖需要对母牛产前产后进行健康监测，需要及时关注母牛的发情、配种时间，还需要对母牛的饲喂进行精细化管理，防止母牛发生疫病、流产等风险，与专业育肥相比技术难度更大，需要养殖户具备专业的知识技能和丰富的养殖经验。然而当前我国肉牛养殖户受教育程度普遍较低，调研数据显示，18.61% 的受访者表示未接受过正规教育；仅有 11.21% 的受访者表示文化程度为高中及以上。调研过程中，肉牛养殖户还普遍反映接受的技术培训较少，技术推广体系有待完善。54.74% 的养殖户表示一年只接受 1 次生产培训，这可能会影响到他们的养殖技能和管理水平，进而对母牛养殖的效益和发展产生负面影响。

3.4　本章小结

本章通过梳理我国肉牛业发展历程，并结合宏观和微观数据分析我国母牛养殖发展现状，研究结论表明，改革开放四十多年来，我国肉牛产业发展迅速，主要经历了由副业向专业化养殖转变阶段（1979~1995 年）、由传统肉牛业向现代肉牛业过渡的快速发展阶段（1996~2005 年）以及转型升级的调整发展阶段（2006 年以来）。在不同阶段，都出台了相关的政策保护基础母牛，强调母牛养殖的重要性。当前我国能繁母牛存栏量仍处于低位水平。2010~2018 年母牛

存栏量下降趋势尤为明显，这一时期全国性的牛源短缺问题严重制约了我国肉牛产业的进一步发展。近年来在政策的支持引导下，母牛存栏量有所恢复，但与日益增长的牛肉消费需求相比，仍然不足。当前仍存在母牛存栏量不足，养殖成本高、风险大，进入门槛高，政策扶持力度不足以及技术培训和推广体系不完善等问题。母牛养殖是肉牛产业发展的根基，母牛养殖积极性不高、存栏量低势必会阻碍肉牛产业的持续健康发展。由于母牛通常是单胎繁殖，很难通过提高母牛的产犊能力来缓解牛源短缺问题。从大食物安全观出发，仍需依靠母牛养殖数量的增加来保障牛肉产品的有效供给，提升养殖户的母牛养殖积极性也显得尤为重要。

第 4 章

肉牛养殖户生计资本的综合评价

从前述章节分析可知，生计资本是影响养殖户母牛养殖决策的重要依据。对养殖户生计资本指标体系的构建、测度是开展后续研究的基石。本章首先在借鉴已有研究成果的基础上，构建养殖户生计资本指标体系；其次，利用微观调研数据，综合运用熵值法和德尔菲法确定各指标权重，在此基础上对养殖户生计资本水平、结构和耦合协调度进行测度和划分；最后，对调研区域内养殖户的生计资本特征进行分析，为后面探究生计资本对养殖户母牛养殖决策行为的影响夯实基础。

4.1 生计资本测量指标体系构建

4.1.1 数据来源

本章所使用的数据来源于 2022 年 8～11 月研究课题组对宁夏回

族自治区、四川省、山东省和内蒙古自治区调研获取的数据。根据肉牛产业发展情况和母牛养殖情况，选取宁夏回族自治区的海原县、西吉县，内蒙古自治区的阿鲁科尔沁旗和巴林左旗、克什克腾旗，四川省的筠连县、平昌县、旺苍县等，山东省的梁山县、郓城县、无棣县等14个县（市）的肉牛养殖户进行调研。调研样本的具体区域分布如表4-1所示。调研形式为线上调研与线下调研相结合的方式，调研对象主要为肉牛养殖户的户主或决策人，调研对象对肉牛产业和母牛养殖情况较为了解和熟悉，有效地提高了调研数据的信度和效度。调研区域分布于肉牛西北产区、西南产区、中原产区和东北产区，具有较好的代表性。调研共获得394份有效调查问卷。

表4-1　　　　　　　　　　调研样本区域分布

产区	代表省份	代表县（区、市）	样本量
西北产区	宁夏回族自治区	海原县、西吉县	130
西南产区	四川省	筠连县、平昌县、威远县、仪陇县、中江县	117
中原产区	山东省	梁山县、郓城县、无棣县、阳信县	86
东北产区	内蒙古自治区	阿鲁科尔沁旗、巴林左旗、克什克腾旗	61

资料来源：根据调研数据整理所得。

4.1.2　生计资本测量指标建立

生计资本的测量需要在构建科学合理的评价指标体系的基础上实现。构建生计资本测量指标首先需要确定生计资本的测量维度，然后在每个测量维度中选取合适的指标，参考英国国际发展署（DFID）提出的可持续生计分析框架，生计资本可以分为人力资本、物质资本、金融资本、自然资本和社会资本，考虑到母牛养殖周期长、风险大，心理资本可能会对母牛养殖决策行为产生影响，本书在上述生计资本划分中又增加了心理资本，对生计资本划分维度进行了合理化的拓展。从这六个维度分别选取测量指标构建生计资本评价指标体系，具体测度指标及指标含义如表 4 - 2 所示。

人力资本。人力资本是个人所拥有的教育、技能、健康和其他能力的总和，是一种可以生产和创造财富的资本，可以通过不断学习和实践得到提高和增值，包括人力资本的数量和质量两方面。因此选取指标包括决策者的年龄、决策者受教育程度、从事肉牛养殖的自有劳动力数量、养牛生产技能培训状况和从事肉牛养殖的年限五个方面。

物质资本。物质资本是农户所拥有的用于维持生计的物质资源，是经济活动的关键要素，物质资本对肉牛养殖来说具有重要的作用，为肉牛养殖提供了必要的资源和设备，支持了养殖的持续运作和生产。肉牛养殖户的主要物质资本包括养殖的牲畜、拥有的交通工具、拥有的住房以及生产性固定资产等。

金融资本。金融资本是指那些主要以金融市场、金融工具和金融产品为手段进行投资和资本运作的资本，金融资本的特点是高度流动性、高风险、高收益等。金融资本的流通和积累形式包括股票、债券、金融衍生品等。因此选取金融资产规模和信贷获得作为金融资本的衡量，具体包括存款、基金等金融产品的总额、获得正规信贷或亲友借款的状况、购买保险等指标。

自然资本。一般指天气、地理位置、自然资源等。对于大多数农户来说土地资源是其拥有的最重要的自然资源（刘可等，2019）。本部分选取养殖户承包或租用的耕地面积、承包或租用的草场面积、饲用植物种植面积和所处的地理位置作为自然资本的衡量指标。

社会资本。社会资本是指农户拥有的社会关系网络和各种社会资源，反映社会关系的紧密程度（吴雄周、金惠双，2021）。因此选取养殖户的社会工作情况、组织化程度以及所拥有的社会网络作为社会资本的衡量指标。

心理资本。心理资本是农户对现有生活的心理感受、对未来生活的期望以及在遇到困难时心理承受力及解决困难时心理韧性（胡晨成，2016）。参考相关研究选取面对风险的态度和对产业前景的态度作为衡量心理资本的指标。

参考已有研究的基础上，本书最终构建的养殖户生计资本指标如表4-2所示。

表4-2 生计资本指标设置

生计资本类型	具体测量指标	指标含义（单位）	均值	标准差
人力资本	决策者年龄	主要决策者年龄（周岁）	46.44	8.26
	决策者受教育程度	决策者受教育程度 1＝未接受过正规教育，2＝小学，3＝初中，4＝高中，5＝大学，6＝研究生及以上	2.96	1.04
	劳动力培训情况	年均参加肉牛养殖相关培训的次数	2.18	1.89
	劳动力数量	从事肉牛养殖的自有劳动力数量（人）	2.05	0.81
	养殖经验	肉牛养殖从业年限	9.23	5.85
物质资本	牲畜数量	年末牲畜存栏量（头）	44.84	37.68
	交通工具	拥有的交通工具价值（万元）	10.82	12.37
	住房	家庭人均住房面积（平方米）	37.28	15.22
	生产性固定资产	持有的用于肉牛生产的机械价值（万元）	13.36	35.90
		畜舍、青贮窖价值（万元）	12.27	13.25

生计资本类型	具体测量指标	指标含义（单位）	均值	标准差
金融资本	金融资产	持有的存款、理财产品等金融产品的总额（万元）	38.54	44.31
	融资能力	向亲友或金融机构借贷的难度 1 = 非常困难，2 = 比较困难，3 = 一般，4 = 比较容易，5 = 非常容易	2.69	1.21
	保险	是否购买肉牛或母牛养殖的相关保险 1 = 是，0 = 否	0.32	0.47
自然资本	土地资源	承包及租用的耕地面积（亩）	37.31	73.89
		承包及租用的草场面积（亩）	112.63	391.13
	饲草料资源	饲用作物种植面积（亩）（不包括天然草场面积）	22.77	57.90
	地理位置	距离活畜交易市场的距离（千米）	19.17	39.96
社会资本	社会工作	家中是否有人担任村级以上干部（包括村级干部） 1 = 是，0 = 否	0.03	0.17
		家中是否有人担任兽医 1 = 是，0 = 否	0.03	0.18
	组织化程度	是否为农民合作社/协会成员 1 = 是，0 = 否	0.06	0.23
	社会网络	手机中的微信联系人数量	337.29	355.38
		手机中与肉牛养殖或市场信息相关的微信群数量	6.39	4.73
		与亲戚朋友的走动程度 1 = 很少，2 = 较少，3 = 一般，4 = 比较频繁，5 = 非常频繁	3.32	1.08
		与同类型养殖场（户）交流程度 1 = 很少，2 = 较少，3 = 一般，4 = 比较频繁，5 = 非常频繁	3.03	1.37

续表

生计资本类型	具体测量指标	指标含义（单位）	均值	标准差
心理资本	风险态度	对养殖过程中可能存在的风险态度 1＝谨慎型风险偏好，2＝稳健型风险偏好，3＝平衡型风险偏好，4＝进取型风险偏，5＝激进型风险偏好	3.44	1.08
	对产业前景的态度	对行业发展前景的态度 1＝非常不看好，2＝比较不看好，3＝一般，4＝比较看好，5＝非常看好	2.37	1.01

4.2　生计资本的指标权重确定

在构建生计资本评价指标体系后，需要对各项测量指标进行赋权，通常赋权方法分为主观赋权法和客观赋权法，主观赋权法中的德尔菲法是在综合评价时使用较多的赋权方法，而熵值法是客观赋权法中用于综合测评某项指标时使用较多的赋权方法。由于主观和客观赋权法都具有一定的局限性，本章在参考白雪（2019）、李首涵等（2023）的研究，采用熵值法和德尔菲法组合的方式测算生计资本各指标权重。

熵值法是一种常见的多指标决策方法，用于确定多个指标对决策目标的重要性权重。该方法的基本思想是基于信息熵的概念，将每个指标的贡献度量化为熵值，以此为基础计算各指标的权重。赋权中的熵值大小表示属性权重与属性熵值的乘积之和，熵值越大表示指标信息的不确定性越高，熵值越小表示指标的信息量越大，表示对决策结果的影响越大。由于不同指标具有不同的计量单位和量纲，取值范围也不同，所以在计算指标权重之前需要对指标进行标准化处理，消除量纲影响并且将不同指标的取值范围限制在相同的范围内，从而使它们在权重计算中具有相同的影响力，从而提高模型稳定性。本书采用极值法对各项指标数据进行标准化处理。

正向指标标准化处理公式为：

$$X'_{tij} = \frac{X_{tij} - X_{\min}}{X_{\max} - X_{\min}}, \ i = 1, \ 2, \ 3, \ \cdots, \ n_i$$

$$j = 1, \ 2, \ 3, \ \cdots, \ m_i \quad t = 1, \ 2, \ 3, \ \cdots, \ T \qquad (4-1)$$

逆向指标标准化处理公式为：

$$X'_{tij} = \frac{X_{\max} - X_{tij}}{X_{\max} - X_{\min}}, \ i = 1, \ 2, \ 3, \ \cdots, \ n_i$$

$$j = 1, \ 2, \ 3, \ \cdots, \ m_i \quad t = 1, \ 2, \ 3, \ \cdots, \ T \qquad (4-2)$$

其中，X_{tij} 为肉牛养殖户 i 的第 j 项指标的值，t 表示时期；X'_{tij} 是标准化处理后第 j 项指标的值，$X_{\min}$ 为肉牛养殖户 i 的第 j 项指标中的最小值，$X_{\max}$ 则是肉牛养殖户 i 的第 j 项指标中的最大值。

在对各项指标进行标准化处理后，利用熵值法计算各指标权重。第一步，计算标准化值 X'_{tij} 与 n 个肉牛养殖户第 j 项指标值的比值，计算公式如式（4-3）所示：

$$P_{tij} = \frac{X'_{tij}}{\sum\limits_{t}^{T} \sum\limits_{i}^{n} X'_{tij}} \qquad (4-3)$$

第二步，计算肉牛养殖户 i 的第 j 项指标的熵值，计算公式如式（4-4）所示：

$$E_j = -r \sum_{t=1}^{T} \sum_{i=1}^{n} P_{tij} \ln(P_{tij}) \qquad (4-4)$$

其中，$r = \frac{1}{\ln(T \times n)}$，$E_j$ 的取值范围为 $[0, 1]$。根据熵值计算可以得到信息效用值 G_j，即：

$$G_j = 1 - E_j \qquad (4-5)$$

熵值越大则 G_j 的值越小，表明指标信息的不确定性越高，熵值越小则 G_j 的值越大，表示指标的信息量越大。

第三步，根据信息效用值可以计算得到肉牛养殖户各项生计资本指标的权重 W_j，公式如下：

$$W_j = \frac{G_j}{\sum_{j=1}^{m} G_j} \qquad (4-6)$$

德尔菲法是一种专家咨询调查法，旨在通过对专家意见的循环反馈，以达成共识和对某一对象进行评价的方法。德尔菲法的基本流程包括：确定专家组，即选择一个由相关领域的专家组成的小组，他们具有对所评估的对象的深入了解和经验。进行匿名化调查，专家们将被要求回答一系列问题。这些问题通常被分成多个轮次，每个轮次专家们可以在前一轮次的反馈基础上进一步提供意见，直到专家意见达成共识或达到一定的收敛，最终确定对某一对象评价指标的赋权。德尔菲法作为一种主观定性的方法，广泛应用于科研评价中。

本书根据养殖户生计资本评价指标体系，设计了专家调查问卷。综合考虑专家的年龄、岗位性质及对肉牛产业的熟悉程度等因素，聘请了肉牛产业相关领域的专家以及从业者对调查问卷进行打分。本调查问卷根据养殖户生计资本水平的六个维度（准则层）形成专家打分表，将26个二级指标按照具体维度分为6张专家打分表。本次打分在实施过程中严格遵循德尔菲法的背对背原则，单独向每位专家发送调查问卷，专家之间互相不了解参与打分的人员信息，相互之间不发生横向交流。

为了避免赋权结果过于依靠数字信息或是主观经验，本书在综合考虑熵值法和专家打分法的基础上，计算得到的养殖主体生计资本各项指标权重系数如表4-3所示。从各指标权重结果可知，物质资本的指标权重最高为0.228；其次是人力资本，指标权重为0.202；心理资本的指标权重最小为 0.083。

表 4 – 3　　　　　　　　　生计资本指标权重

生计资本类型	指标权重	具体指标	指标权重
人力资本	0.202	主要决策者年龄（周岁）	0.053
		决策者受教育程度	0.055
		年均参加肉牛养殖相关培训的次数	0.028
		从事肉牛养殖的自有劳动力数量（人）	0.026
		肉牛养殖从业年限	0.040
物质资本	0.228	年末牲畜存栏量	0.054
		拥有的交通工具价值（万元）	0.019
		家庭人均住房面积（平方米）	0.01
		持有的用于肉牛生产的机械价值（万元）	0.122
		畜舍、青贮窖价值（万元）	0.023
金融资本	0.184	持有的存款、理财产品等金融产品的总额（万元）	0.108
		向亲友或金融机构借贷的难度	0.04
		是否购买肉牛或母牛养殖的相关保险	0.036
自然资本	0.173	承包及租用的耕地面积（亩）	0.047
自然资本	0.173	承包及租用的草场面积（亩）	0.042
		饲用作物种植面积（亩）（不包括天然草场面积）	0.042
		距离活畜交易市场的距离（千米）	0.043
社会资本	0.130	家中是否有人担任村级以上干部（包括村级干部）	0.024
		家中是否有人为兽医	0.013
		是否为农民合作社/协会成员	0.055
		手机中的微信联系人数量	0.011
		手机中与肉牛养殖或市场信息相关的微信群数量	0.007
		与亲戚朋友的走动程度	0.006
		与同类型养殖场（户）交流程度	0.014

生计资本类型	指标权重	具体指标	指标权重
心理资本	0.083	对养殖过程中可能存在的风险态度是	0.031
		对行业发展前景的态度	0.052

从具体指标的权重来看，养殖户持有的肉牛生产机械设备估值的指标权重最大为 0.122。其次是养殖主体持有的存款、理财产品等金融产品的总额，这一指标权重为 0.108。指标权重较小的指标包括与亲戚朋友的走动程度、手机中与肉牛养殖或市场信息相关的微信群数量。

4.3　生计资本水平和结构特征

4.3.1　生计资本水平特征

1. 不同产区养殖户生计资本水平特征

在对肉牛养殖户的生计资本指标赋权后，需要计算养殖户的生计资本水平值，计算方法是将养殖户各项生计资本的标准化值与各自对应的权重相乘，计算公式如（4-7）所示：

$$Z = \sum_{j=1}^{m} (W_j \times X'_{tij}) \qquad (4-7)$$

根据该计算公式得到的养殖户生计资本水平值，如表4-4所示。可以看出，当前肉牛养殖户生计资本整体均值为 0.2162，生计资本整体水平较低。从不同产区的生计资本水平来看，西北产区肉牛养殖户生计资本综合值最高，为 0.2486；其中物质资本（0.0337）和社会资本（0.0250）处于四个产区的较高水平。主要是由于近年来，西北产区肉牛养殖业发展较好，在政策的支持带动下，当地已形成较好的养殖氛围，肉牛养殖业发展迅速，组织化、机械化程度都较高。东北产区生计资本综合值排名第二，为 0.2259；其中心理资本（0.0547）和自然资本（0.0556）水平值较高，处于四个产区的较高水平，主要是由于东北产区畜牧业历史悠久，肉牛产业发展基础较好，且具备草地资源优势，自然资本较其他几个产区水平较高。中原产区的生计资本综合值排名第三，为 0.1970；其中金融资本（0.0526）处于四个产区的较高水平，主要是由于中原产区经济发展水平整体高于其他产区，养殖户拥有的存款、理财产品等金融资本较丰富。西南产区的生计资本综合值处于较低水平，为 0.1893；其中自然资本（0.0416）和物质资本（0.0092）水平处于四个产区的较低水平，主要是由于四川省受地理位置等因素限制，优质牧草难以成片种植，机械设备难以应用，养殖用地有限，影响了肉牛产业的进一步发展，导致生计资本综合值低于其他三个产区。

表 4-4　　　　　　　　　　生计资本水平值

资本类型	东北产区	西北产区	中原产区	西南产区	整体均值
生计资本综合值	0.2259	0.2486	0.1970	0.1893	0.2162
人力资本	0.0300	0.0722	0.0493	0.0727	0.0608
物质资本	0.0162	0.0337	0.0103	0.0092	0.0186
金融资本	0.0447	0.0453	0.0526	0.0399	0.0452
社会资本	0.0247	0.0250	0.0124	0.0095	0.0176
心理资本	0.0547	0.0311	0.0216	0.0163	0.0283
自然资本	0.0556	0.0414	0.0507	0.0416	0.0457

将养殖户各维度生计资本水平值以雷达图的形式直观展示如图 4 - 1 所示。按照不同类型的资本均值大小排序来看，人力资本（0.0608）>自然资本（0.0457）>金融资本（0.0452）>心理资本（0.0283）>物质资本（0.0186）>社会资本（0.0176）。可以看出，当前我国肉牛养殖户各项生计资本水平整体都处于较低水平，但与其他资本相比，人力资本和自然资本相对更丰富，物质资本和社会资本较匮乏。

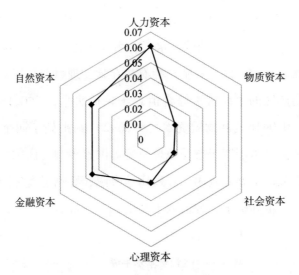

图 4 - 1　养殖户各维度生计资本水平值

2. 不同模式养殖户生计资本水平特征

按照养殖模式将调研样本划分为 4 种类型，其中专业育肥户 112 户、专业繁育户 51 户、全程自繁自育户 105 户、育肥 + 繁育混养户 126 户，从不同养殖模式生计资本水平来看（见表 4 - 5），全程自繁自育户生计资本综合值最高，育肥 + 繁育混养户生计资本综合值最低。具体排序为全程自繁自育户（0.2321）>专业育肥户（0.2314）>专业繁育户（0.2024）＞育肥 + 繁育混养户（0.1950）。

表 4 - 5　　　　　　　　不同养殖模式的生计资本水平值

资本类型	专业育肥	专业繁育户	全程自繁自育户	育肥 + 繁育混养	整体均值
生计资本综合值	0.2314	0.2024	0.2321	0.1950	0.2162
人力资本	0.0652	0.0235	0.0641	0.0693	0.0608
物质资本	0.0225	0.0197	0.0238	0.0104	0.0186
金融资本	0.0609	0.0416	0.0425	0.0349	0.0452
自然资本	0.0445	0.0556	0.0470	0.0417	0.0457
社会资本	0.0181	0.0196	0.0197	0.0146	0.0176
心理资本	0.0203	0.0423	0.0350	0.0242	0.0283

具体来看，全程自繁自育户涉及犊牛繁育和架子牛育肥等多个环节，养殖周期长、劳动强度高，对人力资本、自然资本、金融资本等要求较高，因此选择全程自繁自育的养殖户往往需要具备较高的生计资本水平。专业育肥户的金融资本水平较高，主要是由于金融资本水平高的养殖户，融资和借贷能力相对较强，而专业育肥周期短、饲养难度低，易于规模化和标准化养殖，资金周转较快，较为适宜金融资本较高的养殖户。专业繁育户的人力资本水平、自然资本水平相对较高，主要是由于专业繁育养殖母牛技术难度大，劳动强度高，对人力资本的数量和素质要求较高，与此同时，土地及饲用作物资源丰富能节省母牛养殖的成本，提高母牛的生产效率，因此专业繁育户的自然资本水平相对较高。育肥 + 繁育混养户生计资本水平相对较低，主要是由于育肥 + 繁育混养户通常养殖规模较小，养殖户生计资本水平不足以支持其发展专业的育肥或繁育模式。

4.3.2 生计资本结构特征

1. 不同产区养殖户生计资本结构特征

肉牛养殖户之间，除了生计资本水平存在差异外，生计资本结构也不尽相同。肉牛养殖户生计资本结构可以从资本禀赋的强弱程度进行划分，也可以从生计资本各维度的不同组合形式进行划分。

首先需要探讨肉牛养殖户生计资本强弱结构的情况，参考张童朝等（2017）的研究，以肉牛养殖户生计资本水平的平均值为划分标准，将大于平均值的资本禀赋划分为强生计资本型，将低于平均值的资本禀赋划分为弱生计资本型。具体到本书，当肉牛养殖户的生计资本综合值大于 0.2162 时，则认为养殖户为强生计资本型结构。以此类推，人力资本、自然资本、物质资本、金融资本、社会资本、心理资本综合值分别大于 0.0608、0.0457、0.0186、0.0452、0.0176、0.0283 的肉牛养殖户为各维度视角下的强生计资本型养殖户。

由表 4-6 可知，目前弱生计资本型的肉牛养殖户占比为52.68%，表明当前多数肉牛养殖户的生计资本处于较低水平。从具体生计资类型来看，弱社会资本型养殖户占比最大，为70.98%，强金融资本型养殖户类型占比最大，为63.09%。从不同产区来看，东北和西北产区养殖户以强生计资本为主，占比分别为61.90%和68.29%，东北产区强自然资本、强金融资本、强心理资本的养殖户占比较高，西北产区强物质资本、强社会资本的养殖户占比较高。西南产区和中原产区以弱生计资本型养殖户为主，分别占比65.03%和64.00%，西南产区除强金融资本养殖户占比较高外，其他资本均以弱资本型养殖户为主，中原产区强人力资本和强金融资本养殖户占比较高。

表 4-6　　　　　　　　不同产区生计资本强弱分布　　　　　单位：%

生计资本类型	强弱	样本总体	东北产区	西北产区	西南产区	中原产区
生计资本	强	47.32	61.90	68.29	34.97	36.00
	弱	52.68	38.10	31.71	65.03	64.00
人力资本	强	40.69	35.71	43.36	31.71	52.00
	弱	59.31	64.29	56.64	68.29	48.00
自然资本	强	32.49	76.19	23.08	21.95	40.00
	弱	67.51	23.81	76.92	78.05	60.00
物质资本	强	39.75	47.62	56.10	30.77	30.00
	弱	60.25	52.38	43.90	69.23	70.00
社会资本	强	29.02	19.05	46.34	24.48	32.00
	弱	70.98	80.95	53.66	75.52	68.00
金融资本	强	63.09	71.43	70.73	56.00	58.74
	弱	36.91	28.57	29.27	44.00	41.26
心理资本	强	56.78	88.10	75.61	46.85	28.00
	弱	43.22	11.90	24.39	53.15	72.00

　　然后，需要对生计资本不同组合结构进行分析。参考张童朝等（2017）的研究，将肉牛养殖户六个维度的生计资本综合值进行排序，综合值最大的一项生计资本称为占优型结构。例如，当某一肉牛养殖户各维度生计资本综合值中人力资本综合值最高，则称其为人力资本占优型结构，若自然资本综合值在各维度生计资本综合值中最高，则称其为自然资本占优型结构，以此类推。按照这一标准对调研的 394 户肉牛养殖户的生计资本结构进行划分，其数量分布情况如表 4-7 所示。四个产区的人力资本占优型养殖户数量最多，占比为 87.07%，其次为自然资本占优型养殖户，占比为 5.36%。

表4-7　　　　　　　不同产区生计资本结构异质性分布　　　　　单位：%

生计资本类型	样本总体	东北产区	西北产区	西南产区	中原产区
人力资本占优型	87.07	90.48	84.62	91.46	84.00
自然资本占优型	5.36	7.14	9.79	0.00	0.00
物质资本占优型	2.21	0.00	1.40	4.88	2.00
社会资本占优型	0.63	0.00	1.40	0.00	0.00
金融资本占优型	4.73	2.38	2.80	3.66	14.00
心理资本占优型	0.00	0.00	0.00	0.00	0.00

2. 不同模式养殖户生计资本水平结构特征

专业育肥户、专业繁育户、全程自繁自育户、育肥+繁育混养户的生计资本强弱结构占比情况如表4-8所示。除全程自繁自育户强生计资本占比为51.36%外，样本养殖户的生计资本总体上都表现为弱资本型，育肥+繁育混养户弱生计资本占比最高，为59.52%。其中专业繁育户中强人力资本型养殖户占比最高，为66.67%。专业育肥户中强金融资本型养殖户占比最高，为77.27%，全程自繁自育户中强心理资本型养殖户占比最高，为72.94%。这表明生计资本强弱性结构差异与养殖模式相关，这种差异会影响养殖户养殖模式的选择。

表4-8　　　　　　　不同模式养殖户生计资本强弱分布　　　　　单位：%

生计资本类型	强弱	专业育肥	专业繁育	全程自繁自育	育肥+繁育
生计资本	强	48.24	44.52	51.36	40.48
	弱	51.76	55.48	48.64	59.52
人力资本	强	58.82	66.67	61.36	57.53
	弱	41.18	33.33	38.64	42.47

续表

生计资本类型	强弱	专业育肥	专业繁育	全程自繁自育	育肥 + 繁育
自然资本	强	18.18	25.88	35.71	9.59
	弱	81.82	74.12	64.29	90.41
物质资本	强	38.64	11.90	27.65	13.01
	弱	61.36	88.10	72.35	86.99
社会资本	强	31.82	11.90	25.88	34.93
	弱	68.18	88.10	74.12	65.07
金融资本	强	77.27	63.70	60.00	52.38
	弱	22.73	36.30	40.00	47.62
心理资本	强	56.82	59.52	72.94	53.42
	弱	43.18	40.48	27.06	46.58

对不同模式的养殖户占优型资本结构进行分析，分布结果如表 4 - 9
所示。全程自繁自育户中人力资本占优型养殖户占比最大，为
95.29%。专业育肥户中金融资本占优型养殖户占比最大，为 13.64%。
这反映出全程自繁自育户人力资本较为丰厚，专业育肥户金融资本较
为丰厚。说明不同类型养殖户的生计资本结构之间也存在着较大的
差异。

表 4 - 9　　　　不同模式养殖户生计资本结构异质性分布　　　单位：%

生计资本类型	专业育肥	专业繁育	全程自繁自育	育肥 + 繁育
人力资本占优型	84.09	88.10	95.29	93.15
自然资本占优型	0.00	4.76	1.18	1.37
物质资本占优型	2.27	2.38	1.18	1.37
社会资本占优型	0.00	0.00	0.00	0.68
金融资本占优型	13.64	4.76	2.35	3.42
心理资本占优型	0.00	0.00	0.00	0.00

4.4　生计资本耦合协调度

生计资本耦合协调度是指肉牛养殖户拥有的不同类型生计资本之间的协调程度，肉牛养殖户需要拥有多种类型的资本才能实现更好的生计，而这些不同类型的资本之间的协调和平衡，对生计目标的实现也具有重要的作用。探究肉牛养殖户生计资本的耦合协调度，有利于明晰当前我国肉牛养殖户各项生计资本间互动和协调关系，以此判断养殖户的生计资本结构是否合理。测算生计资本耦合协调度，首先需要对肉牛养殖户生计资本的耦合度进行分析。

4.4.1　耦合度分析

耦合度可以理解为关联程度或互动程度，它是指不同要素或不同系统间相互影响和相互作用程度。耦合度越高，说明各要素或各系统间的关联程度越高。耦合度的计算公式如下：

$$C_{it} = \left[\frac{H_{it} \times P_{it} \times F_{it} \times N_{it} \times S_{it} \times M_{it}}{\left(\dfrac{H_{it} + P_{it} + F_{it} + N_{it} + S_{it} + M_{it}}{6} \right)^6} \right]^{\frac{1}{6}} \qquad (4-8)$$

其中，H_{it}、P_{it}、F_{it}、N_{it}、S_{it}、M_{it} 分别为肉牛养殖户 i 的人力资本、物质资本、金融资本、自然资本、社会资本和心理资本综合值，t 表示时期。C_{it} 是肉牛养殖户 i 的生计资本耦合度，$0 \leqslant C_{it} \geqslant 1$。

利用耦合度公式计算得到养殖户的生计资本耦合度及耦合阶段如表 4-10 所示，从计算结果可以看出，当前我国肉牛养殖户的生计资本耦合度较高，生计资本耦合度在 0.5 以上的养殖户比重为

84.26%。其中，生计资本耦合度处于磨合阶段的养殖户占比最高，为47.46%。这反映出肉牛养殖户的各项生计资本关联程度较高，各类生计资本通过彼此互动，共同影响养殖户的生产决策。

表 4 - 10　　　　　　　　养殖户生计资本耦合度及耦合阶段

耦合度	耦合阶段	频数	频率（%）
0.000 ~ 0.300	低水平耦合	57	14.47
0.301 ~ 0.500	拮抗阶段	5	1.27
0.501 ~ 0.800	磨合阶段	187	47.46
0.801 ~ 1.000	高水平耦合	145	36.80

4.4.2　耦合协调度分析

由于耦合度反映的仅仅是肉牛养殖户各项生计资本间关联的是否紧密，无法反映各项生计资本间是否处于协调状态，因此许多学者引入了耦合协调度模型用于分析各要素或系统间的协调程度。具体到本书，肉牛养殖户的生计资本耦合协调度，反映的是肉牛养殖户的各项生计资本之间是否和谐一致，是否存在短板。肉牛养殖户生计资本耦合协调度可以通过生计资本耦合度（C_{it}）和生计资本综合值（T_{it}）计算得到，具体公式如下：

$$D_{it} = \sqrt{C_{it} \times T_{it}} \qquad (4-9)$$

其中，D_{it} 是肉牛养殖户 i 的生计资本耦合协调度值，t 表示时期，$0 < D_{it} \geq 1$。参考王晶（2021）的研究，将肉牛养殖户生计资本耦合协调度按 D_{it} 的取值划分为十个等级，当 $0 < D_{it} \leq 0.1$ 时为极度失调；$0.1 < D_{it} \leq 0.2$ 时为严重失调；$0.2 < D_{it} \leq 0.3$ 时为中度失调；$0.3 < D_{it} \leq 0.4$ 时为轻度失调；$0.4 < D_{it} \leq 0.5$ 时为濒临失调；$0.5 < D_{it} \leq 0.6$ 时

为勉强协调；$0.6 < D_{it} \leq 0.7$ 时为初级协调；$0.7 < D_{it} \leq 0.8$ 时为中级协调；$0.8 < D_{it} \leq 0.9$ 时为良好协调；$0.9 < D_{it} \leq 1.0$ 时为优质协调。

利用耦合协调度公式，计算得到养殖户的生计资本耦合协调度及耦合阶段，如表4-11所示。可以看出，当前我国肉牛养殖户生计资本耦合协调度大多处于严重失调、中度失调、轻度失调区间，其中，中度失调的养殖户占比最高，为47.21%。肉牛养殖户生计资本耦合协调度低，说明各类生计资本之间的没有形成良好的协调关系，可能会影响资源配置的效率。

表4-11 养殖户生计资本耦合协调度及协调程度

协调等级	协调程度	耦合协调度	频数	频率（%）
1	极度失调	0.000 ~ 0.100	0	0.00
2	严重失调	0.101 ~ 0.200	86	21.83
3	中度失调	0.201 ~ 0.300	186	47.21
4	轻度失调	0.301 ~ 0.400	101	25.63
5	濒临失调	0.401 ~ 0.500	3	0.76
6	勉强协调	0.501 ~ 0.600	7	1.78
7	初级协调	0.601 ~ 0.700	11	2.79
8	中级协调	0.701 ~ 0.800	0	0.00
9	良好协调	0.801 ~ 0.900	0	0.00
10	优质协调	0.901 ~ 1.000	0	0.00

4.5 本章小结

本章通过对山东省、内蒙古自治区、宁夏回族自治区、四川省等调研地区肉牛养殖户生计资本水平、生计资本结构和生计资本耦合协调度进行测算，并从不同区域、不同养殖模式比较的角度进行具体分析，结合纵向和横向比较得出以下三个结论。

第一，当前我国肉牛养殖户生计资本水平整体较低，各类生计资本中人力资本和自然资本相对较为丰富，物质资本和社会资本较为匮乏。不同区域和不同模式的养殖户生计资本水平差异较明显。西北产区肉牛养殖户生计资本综合值最高，其物质资本和社会资本处于四个产区的较高水平。西南地区受自然条件和肉牛产业发展程度限制，肉牛养殖户生计资本综合值相对较低。四种养殖模式中全程自繁自育户生计资本综合值最高，育肥＋繁育混养户生计资本综合值最低，具体排序为：全程自繁自育户＞专业育肥户＞专业繁育户＞育肥＋繁育户。

第二，目前肉牛养殖户中弱生计资本型养殖户占比为52.68%，表明多数肉牛养殖户的生计资本处于较低水平。其中弱社会资本型养殖户占比最大为70.98%，侧面反映出当前我国肉牛产业组织化程度较低，没有形成较好的肉牛产业社会网络。东北和西北产区养殖户以强生计资本为主，西南产区和中原产区的养殖户以弱生计资本为主。四种养殖模式中，全程自繁自育户中强生计资本型养殖户占比为51.36%，其他模式养殖户的生计资本总体上都表现为弱资本型，育肥＋繁育混养户弱生计资本占比最高，为59.52%。

第三，当前我国肉牛养殖户生计资本耦合度处于较高水平，表明肉牛养殖户的各项生计资本关联程度较高，各类生计资本通过彼此互动，共同影响肉牛养殖户的生产决策。但肉牛养殖户各项生计资本间的耦合协调度较低，说明各类生计资本之间没有形成良好的协调关系，可能会影响资源配置的效率。

第 5 章

生计资本对是否养殖母牛
和母牛养殖规模的影响

对养殖户生计资本水平进行测度后，需要进一步分析生计资本对养殖户母牛养殖决策行为的影响。首先需要厘清的是生计资本对养殖户是否养殖母牛和母牛养殖规模决策行为的影响。是否养殖母牛和母牛养殖规模可以视作一个决策的两个阶段，生计资本水平、结构和耦合协调度不同，对这两个阶段的决策行为影响也有所不同。探究生计资本水平、结构和耦合协调度对这两个阶段的不同影响，可以找出引导养殖户进入母牛养殖和扩大母牛养殖规模的关键因素，提高政策实施的准确性和针对性。

5.1 样本特征、模型设定与变量选取

5.1.1 数据来源与样本特征

本章所使用的数据来源为课题组于 2022 年 8 月至 11 月期间对内

蒙古自治区、宁夏回族自治区、四川省和山东省 4 个省（区）的实
地调查获取的 394 份有效调查问卷。调研区域为宁夏回族自治区的海
原县、西吉县，内蒙古自治区的阿鲁科尔沁旗和巴林左旗、克什克腾
旗，四川省的筠连县、平昌县、旺苍县等，山东省的梁山县、郓城
县、无棣县等，共计 14 个县（市）。调研省份肉牛产业发展较好，
2021 年调研省份肉牛存栏量占全国总存栏量的 18.2%，能够较好地
反映我国肉牛养殖户的情况，具有一定的典型性和代表性。

从样本特征来看（见表 5 - 1），394 个样本养殖户中，从事母牛
养殖的户数为 282 户，未从事母牛养殖的户数为 112，分别占样本总
体的 71.57% 和 28.43%。从母牛养殖规模的样本分布来看，西北产
区的母牛存栏量最高，占样本总体的 41.35%，西北产区养牛历史悠
久，肉牛产业发展具有优势，近年来政策扶持力度不断提升，实现了
肉牛产业的快速发展，母牛养殖积极性有所提升，对其肉牛养殖户的
分析具有很好的示范效应，是调研的重点区域。从户均母牛存栏量来
看，东北产区户均母牛存栏量为 18 头，主要是由于东北产区的自然
条件适宜养殖母牛，饲草料资源丰富，且养殖历史悠久，养殖户对母
牛养殖的重要性认识较为清晰。

表 5 - 1　　　　　　　　样本特征描述

产区	养殖母牛		未养殖母牛		母牛养殖规模		
	户数（户）	占比（%）	户数（户）	占比（%）	母牛存栏量（头）	占比（%）	户均母牛存栏量（头）
东北产区	52	13.20	9	2.28	1 130	22.47	18
西北产区	101	25.63	29	7.36	2 079	41.35	16
中原产区	45	11.42	41	10.41	529	10.52	6
西南产区	84	21.32	33	8.38	1 290	25.66	11
合计	282	71.57	112	28.43	5 028	100.00	13

5.1.2　模型设定

双栏模型（double-hurdle model）是一种用于研究行为决策的经济学模型，最早是由克雷格（Cragg）在 1971 年提出的。双栏模型假设决策者在做出决策之前需要面对两个门槛（hurdle），第一个门槛是决定是否参与，第二个门槛是在第一阶段选择参与后决定参与程度。在这个模型中，每个门槛都可以使用不同的变量进行建模和解释。双栏模型的优点在于可以同时考虑决策概率和决策数量，而不需要假设它们之间的关系是线性的。

双栏模型的本质是 Probit 模型和 Truncated 模型的组合（杨志海，2018）。本书中，养殖户的母牛养殖决策可以表达为两个阶段的决策：在第一阶段，养殖户选择是否养殖母牛；在第二阶段，养殖户选择养殖母牛的规模，即当养殖户决定进入母牛养殖业后，做出的养殖规模决策。应用 double-hurdle 模型进行估计的具体步骤为：在第一阶段，构建 Probit 模型估计生计资本对养殖户是否养殖母牛决策行为的影响，如果选择养殖母牛，则转入第二阶段使用 Truncated 模型继续分析生计资本对养殖户母牛养殖规模决策行为的影响。

本章分析的养殖户是否养殖母牛的决策，为二元离散变量，即 1 表示是，0 表示否。因变量是二元离散变量的数据，研究中多使用二元 Probit 模型。此外，要检验生计资本水平、结构和耦合协调度对是否养殖母牛这一决策的影响，需要控制住可能影响是否养殖母牛决策行为的其他因素，进而分析生计资本对母牛养殖决策行为影响的净效应。基于此，模型设定如下：

$$\begin{cases} W_i^* = C + \alpha livehood_i + \beta X_i + \mu_i \\ \text{若 } W_i^* > 0, \text{ 则 } W_i = 1; \text{ 若 } W_i^* \leq 0, \text{ 则 } W_i = 0 \end{cases} \quad (5-1)$$

其中，W^* 代表养殖户是否养殖母牛的潜变量，W_i 是养殖户是否养殖母牛的观测值，当 $W_i^* > 0$ 时，则 $W_i = 1$ 表示养殖户决定养殖母牛；反之，当 $W_i^* \leq 0$ 时，则 $W_i = 0$，表示养殖户决定不养殖母牛，$livehood_i$ 为养殖户 i 的生计资本，X_i 为控制变量，α 和 β 为待估系数，μ_i 为残差项，C 为截距项。

母牛养殖规模决策行为属于数量模型，进一步构建 Truncated 模型如下：

$$\begin{cases} Y_i^* = C_y + \sigma livehood_i + \omega X_i + \gamma_i, \ \gamma_i \sim (0, \ \delta^2) \\ 若 W_i^* > 0, \ 则 Y_i = Y_i^*; \ 若 W_i^* \leq 0, \ 则 Y_i = 0 \end{cases} \quad (5-2)$$

其中，Y_i^* 代表养殖户母牛养殖规模的潜变量，Y_i 是养殖户母牛养殖规模的观测值 Y，当 $W_i^* > 0$ 且 $W_i = 1$ 时，则 $Y_i = Y_i^*$ 表示养殖户的母牛养殖规模情况。若 $W_i^* \leq 0$ 时则 $Y_i = 0$，$livehood_i$ 为养殖户 i 的生计资本，X_i 为控制变量，σ 和 ω 为待估系数，γ_i 为残差项，C_y 为截距项。

基于式（5-1）和式（5-2），双栏模型的似然函数表达式可以写作：

$$\begin{aligned} \ln(\alpha, \beta, \eta, \gamma, \rho, \sigma) = & \left[\sum_{wi=0} -\varphi(\alpha S_i + \beta X_i) \right] + \sum_{wi=0} \{ \ln\varphi(\alpha S_i + \beta X_i) \\ & -\ln\varphi(\alpha S_i + \beta X_i/\delta) -\ln(\delta) + \ln\{\Phi[Y_i \\ & -\gamma S_i - \rho X_i/\sigma] \} \} \end{aligned} \quad (5-3)$$

其中，$\varphi(*)$ 和 $\Phi(*)$ 分别表示标准正态分布的累积分布函数和概率密度函数。

5.1.3　变量选取

（1）被解释变量。本章的被解释变量包括两个：第一个是养殖户是否养殖母牛，如养殖户养殖母牛则赋值为1，否则赋值为0；第二个是养殖户母牛养殖规模，考虑到生计资本具体指标选取数量较多，为避免自变量和因变量存在强内生性问题，母牛养殖规模以下一期年末母牛存栏量来表征。

（2）核心解释变量：核心解释变量为养殖户当期生计资本变量，包括自然资本、人力资本、物质资本、金融资本和社会资本、心理资本从生计资本水平值、结构和生计资本耦合协调度三个方面来进行全面刻画。其中，生计资本水平值来自第4章生计资本水平测算结果。生计资本结构用生计资本结构优势来体现，并以0~1方式进入模型。例如，如果该养殖户为自然资本占优型，则对其赋值为1，否则为0，其他生计资本结构依此类推。由章节4.3.2分析可知，样本总体中心理资本占优型养殖户、社会资本占优型养殖户和物质资本占优型养殖户的比重分别为0.00%、0.63%（2户）、2.21%（9户），占比较少，因此只选取人力资本占优型、自然资本占优型和金融资本占优型结构变量。生计资本耦合协调度根据第4章的耦合协调度模型算出，具体计算过程在此不再赘述。

此外，考虑到部分地区仍在实施母牛补贴政策，也可能对养殖户的母牛养殖决策产生影响，为了检验其影响机制，将母牛养殖补贴金额纳入模型中，通过分析补贴金额与核心解释变量的交互项，来检验其在生计资本影响养殖户母牛养殖决策过程中所起的作用。如果简单地采用"获得的母牛补贴金额"来表征，会存在严重的内生性问题，因为获得补贴意味着养殖母牛，考虑到周边养殖户获得的母牛养殖补贴金额，会增加养殖户主观上感知到的母牛养殖补贴的可获得性。所以选择"养殖户所在县其他养殖户获得的母牛养殖补贴金额平均值"纳入模型。

（3）控制变量：综合蔡键等（2017）、彭杨贺等（2019）、蔡荣等（2014）、纪月清等（2016）、张宗毅等（2011）、胡雯等（2019）、黄祖辉等（2014）已有文献，控制变量选取方面包括：犊牛架子牛价格、民族，同时为了减少地理区位条件和一些不可观测变量对母牛养殖决策行为的影响，设置了产区虚拟变量。

在选取变量后，按照生计资本综合值、生计资本各维度、生计资本结构和生计资本耦合协调度分别进行拟合。模型各变量定义如表 5 – 2 所示。

表 5 – 2　　　　　　　　　　　　模型各变量定义

	变量	变量含义	均值
被解释变量	是否养殖母牛	1 = 是 0 = 否	0.720
	母牛养殖规模	下一期年末母牛存栏量	12.761
解释变量	生计资本综合值	根据第 4 章测算而得	0.216
	人力资本	根据第 4 章测算而得	0.061
	物质资本	根据第 4 章测算而得	0.019
	金融资本	根据第 4 章测算而得	0.0452
	自然资本	根据第 4 章测算而得	0.0457
	社会资本	根据第 4 章测算而得	0.0176
	心理资本	根据第 4 章测算而得	0.0283
	人力资本占优型	人力资本占优赋值为 1，否则为 0	0.868
	自然资本占优型	自然资本占优赋值为 1，否则为 0	0.053
	金融资本占优型	金融资本占优赋值为 1，否则为 0	0.048
	生计资本耦合协调度	根据耦合协调度模型计算而得	0.285
	补贴金额	养殖户所在县其他养殖户获得的母牛养殖补贴金额平均值	556.650
	补贴金额 × 生计资本综合值	依据补贴金额和生计资本综合值计算得到	121.59

续表

变量		变量含义	均值
解释变量	补贴金额×人力资本	依据补贴金额和人力资本综合值计算得到	58.942
	补贴金额×物质资本	依据补贴金额和物质资本综合值计算得到	1.232
	补贴金额×金融资本	依据补贴金额和金融资本综合值计算得到	0.048
	补贴金额×自然资本	依据补贴金额和自然资本综合值计算得到	2.505
	补贴金额×社会资本	依据补贴金额和社会资本综合值计算得到	0.001
	补贴金额×心理资本	依据补贴金额和心理资本综合值计算得到	0.034
控制变量	犊牛和架子牛价格	控制	
	民族	控制	
	产区	控制	

5.2　生计资本对是否养殖母牛和母牛养殖规模决策行为的影响

5.2.1　生计资本水平的影响

利用 stata16.0 软件进行的估计结果如表 5 - 3 所示，其中列（1）和列（2）汇报了生计资本综合值对是否养殖母牛和母牛养殖规模决策行为的影响，列（3）和列（4）汇报了生计资本各维度水平值对是否养殖母牛和母牛养殖规模决策行为的影响。

表 5-3　　　　　　　　　　　　基准回归结果

变量	(1)	(2)	(3)	(4)
	是否养殖母牛	母牛养殖规模	是否养殖母牛	母牛养殖规模
生计资本综合值	12.876** (2.40)	8.321*** (2.68)		
人力资本			11.527** (2.05)	8340*** (2.63)
物质资本			52.216 (0.23)	147.679** (2.43)
金融资本			-28.236* (-1.75)	24.250* (1.77)
自然资本			9.339** (2.36)	18.996** (1.99)
社会资本			-54.660 (-0.49)	75.108 (1.00)
心理资本			27.559* (1.93)	3.373 (0.25)
补贴金额	-0.001 (-0.19)	0.002** (2.52)	-0.002 (-1.08)	0.002* (1.96)
补贴金额×生计资本综合值	-0.002 (-0.24)	0.010** (2.30)		
补贴金额×人力资本			-0.002 (-0.07)	0.0169* (1.74)
补贴金额×物质资本			-38.575 (-1.21)	-0.106 (-0.17)
补贴金额×金融资本			2.3146 (1.50)	-3.973 (-0.27)

续表

变量	(1)	(2)	(3)	(4)
	是否养殖母牛	母牛养殖规模	是否养殖母牛	母牛养殖规模
补贴金额×自然资本			-0.034 (-0.07)	0.286 (1.39)
补贴金额×社会资本			-43.981 (-0.18)	-86.385 (-0.68)
补贴金额×心理资本			-4.774 (0.602)	-4.787 (-1.17)
控制变量	控制	控制	控制	控制
常数项	-1.901* (-1.69)	1.553** (2.18)	-2.420* (-1.89)	-0.4369 (-0.31)
Sigma	1.987*** (2.605)		1.853*** (2.638)	

注：*** 、** 、* 分别表示在1%、5%和10%的显著性水平。括号里的数为标准误。

生计资本水平包含两个层次，分别是生计资本综合值和内部各类生计资本水平值。结果显示，生计资本综合值对是否养殖母牛决策行为的影响通过了5%水平上的显著性检验，表明生计资本总体对于是否养殖母牛这一决策具有正向影响，生计资本的增加会增加养殖户养殖母牛的概率。生计资本综合值对母牛养殖规模决策行为的影响通过了1%水平上的显著性检验，表明生计资本水平对于母牛养殖规模决策行为具有正向影响，生计资本的增加会促使养殖户扩大母牛养殖规模。假设1得到验证。

具体来看，生计资本中人力资本正向影响是否养殖母牛和母牛养殖规模决策行为，并且分别通过了5%和1%水平上的显著性检验。表明人力资本水平越高的养殖户做出养殖母牛和扩大母牛养殖规模决策的概率越高。人力资本包含劳动力数量和质量两方面。母牛养殖区别于育肥环节，需要精细化管理，在母牛发情配种期间做好饲喂、防疫等工作，母牛怀孕生产期间需要做好护理工作，这一方面需要有足够的劳动力数量，另一方面也需要具有一定的养殖经验和技术，对人力资本的要求较高，因此人力资本水平越高的养殖户越能够达到母牛养殖所需要的人力资本要求，越倾向于养殖母牛以及扩大母牛养殖规模。

物质资本对是否养母牛决策行为的影响没有通过显著性检验，反映了物质资本对是否养殖母牛决策行为的影响不明显，可能是由于基础设施及生产性工具等物质资本对养殖户开展专业育肥也有促进作用，没有表现出与是否养殖母牛明显的相关关系。但是物质资本对养殖户母牛养殖规模决策行为的影响通过了 5% 水平上的显著性检验，并且方向为正。当养殖户选择进入母牛养殖业后，机械设备等生产性工具和畜舍、青贮窖等基础设施越丰富，越能够提升生产效率，同时为母牛提供舒适的生产生活环境，因此物质资本对母牛养殖规模决策行为具有正向影响。

金融资本对是否养殖母牛决策行为的影响在 10% 水平上显著为负，表明金融资本水平越高的养殖户，选择养殖母牛的概率越低，可能是由于金融资本不仅反映了养殖户自有资金的情况也反映了养殖户借贷的情况，一方面，当养殖户自有资金足够充足时，养殖户可能会更注重资金的周转时间和风险性，而不是单纯追求利润最大化，会选择耗时少、资金周转快的且相对"轻松"的专业育肥养殖模式。另一方面，金融贷款能力强的养殖户也意味着资金的还款压力较大，母牛养殖收益回收周期长，养殖户需要承担贷款利息等金融成本，相比之下，更倾向于选择专业育肥模式，减轻还款压力。因此对是否养殖母牛决策行为具有显著的负向影响。但是当养殖户选择进入母牛养殖业后，金融资本在 10% 水平上显著正向影响养殖户母牛养殖规模决策行为。这主要是由于金融资本较高的养殖户能承担更多的养殖成本，同时金融资本相较于其他资本具有更好的转化性，能够弥补养殖母牛所需的其他资本不足，如自然资本、物质资本等，对母牛养殖规模的扩大有促进作用。因此，金融资本对养殖户母牛养殖规模的决策具有正向的影响。

自然资本对是否养殖母牛和母牛养殖规模决策行为具有正向影响，且均通过了5%水平上的显著性检验。这一点在生产实践中也有所体现，实地调研中养殖户普遍反映，当前饲草料成本上涨明显，母牛养殖周期长，饲草料成本是其做出养殖决策时需要重点考虑的问题，草场资源和饲草料资源丰富的养殖户，能够节省一定的饲草料成本，能够有效减少养殖户对母牛养殖周期长，成本高的顾虑，促进养殖户做出养殖母牛的决策。对母牛养殖规模决策行为的影响也是如此，在足够的土地、饲草料资源条件下，养殖户可以扩大母牛的养殖规模。相反，土地稀缺或饲草资源短缺的养殖户，母牛的养殖规模可能会受到限制。

社会资本对养殖户是否养殖母牛和母牛养殖规模决策行为的影响没有通过显著性检验，反映出社会资本在养殖户做出是否进入母牛养殖业以及母牛养殖规模的决策时不是主要的影响因素。社会资本反映了养殖户担任社会工作及参与社会组织的情况，然而当前我国肉牛产业的组织化程度较低。调研数据显示，调研区仅有28.30%的受访养殖户参与合作社等合作组织，71.70%的养殖户表示未参加包括合作社型、企业带动契约型以及与龙头企业签约的买卖型等在内的任何合作性组织。参与的主体中，55.43%的养殖户表示虽然加入合作社，但合作组织提供的支持有限，没有发挥其应有的作用。

心理资本对是否养殖母牛和母牛养殖规模决策行为的影响没有通过显著性检验，可能是由于肉牛养殖行业相较于生猪等产业，较为稳定，遭受重大疫病冲击的风险较低，受消费需求影响，市场行情也较为稳定，养殖户普遍对产业发展前景较为看好，且肉牛养殖户的产业忠诚度较高，调研主体普遍具有多年肉牛养殖经历，养殖户的心理资本差异较小，与是否养殖母牛和母牛养殖规模决策行为间的关系不显著。

考虑到当前仍有部分地方政府依靠地方财政实施了母牛养殖的相关补贴，因此将母牛养殖补贴金额及补贴金额与生计资本的交互项纳入模型进行分析。从回归结果可以看出，母牛养殖补贴金额及其与生计资本综合值的交互项在是否养殖母牛决策行为模型中均未通过显著性检验。当前国家层面的母牛养殖专项补贴已经停止实施，部分地方政府虽然出台了地方层面的相关补贴，但是受地方财政能力限制，补贴力度不足，而且设定了规模、品种等门槛条件，因此养殖户在考虑是否养殖母牛时，母牛养殖补贴通常不是影响其决策的主要原因。

在母牛养殖规模决策模型中，补贴金额、补贴金额和生计资本的交互项均通过了 5% 水平上的显著性检验，当养殖户选择进入母牛养殖业后，补贴金额越高越能促进其扩大养殖规模，一方面当前母牛养殖补贴的门槛条件通常对养殖规模有所要求，养殖户为了获取母牛养殖补贴需要达到一定的养殖规模，另一方面母牛养殖补贴通常是按照母牛养殖量或母牛产犊数量来补贴，因此扩大养殖规模意味着养殖户可以获得更多的补贴，这也会促进养殖户扩大母牛养殖规模。具体到生计资本各维度来看，补贴金额在母牛养殖规模决策模型中，与人力资本的交互项在 10% 水平上的显著性检验为主，说明母牛养殖补贴金额在人力资本对母牛养殖规模决策行为的影响中产生正向调节作用，即补贴金额越高，养殖户人力资本水平的提升越能促进扩大母牛养殖规模。这启示我们高补贴金额结合高人力资本能够提升养殖户养殖母牛的规模。

5.2.2 生计资本结构的影响

生计资本结构对养殖户是否养殖母牛和母牛养殖规模决策行为的影响，以生计资本结构优势进行分析，并以 0～1 方式进入模型，如果该养殖户为自然资本占优型，则对其赋值为 1，否则为 0，其他生计资本结构依此类推。表 5－4 汇报了不同生计资本结构对母牛养殖和母牛养殖规模决策行为的影响，由章节 4.3.2 分析可知，样本总体中心理资本占优型养殖户、社会资本占优型养殖户和物质资本占优型养殖户的比重分别为 0、0.63%（2 户）、2.21%（9 户），占比较少，因此只对人力资本占优型、自然资本占优型和金融资本占优型养殖户进行回归。考虑到补贴金额在是否养殖母牛决策模型中影响不显著，因此在分析生计资本结构对是否养殖母牛决策行为的影响时只讨论核心解释变量，补贴金额及其与生计资本结构的交互项仅参与养殖规模决策的分析。

表 5－4　　生计资本结构对是否养殖母牛和母牛养殖规模
决策行为的影响回归结果

变量	(1)	(2)
	是否养殖母牛	母牛养殖规模
人力资本占优型	0.3781 ** (1.65)	0.0098 * (1.95)
自然资本占优型	0.1218 * (1.67)	0.244 * (1.94)
金融资本占优型	－ 0.001 （－ 0.93）	0.164 (0.38)

续表

变量	（1）	（2）
	是否养殖母牛	母牛养殖规模
补贴金额		0.002 * （1.91）
补贴金额×人力资本占优型		0.002 *** （2.59）
补贴金额×自然资本占优型		0.001 （0.24）
补贴金额×金融资本占优型		0.000 （0.18）
控制变量	控制	控制
常数项	0.1503 （0.62）	2.749 *** （10.55）
Sigma	1.573 *** （2.931）	

注：***、**、*分别表示在1%、5%和10%的显著性水平。括号里的数为标准误。

从表5-4可以看出，生计资本结构对是否养殖母牛和母牛养殖规模决策行为存在影响，且不同的生计资本结构优势的影响存在差异。具体来看，人力资本和自然资本结构优势对是否养殖母牛和母牛养殖规模决策行为具有显著的正向影响，但金融资本结构优势对是否养殖母牛和母牛养殖规模决策行为的影响不显著，假设2得到部分验证。当养殖户人力资本和自然资本优于其他资本时，养殖户更倾向于做出养殖母牛和扩大母牛养殖规模的决策。可能是由于当养殖户只具有人力资本优势时，更倾向于通过人力资本换取更多的收益，养殖母牛劳动强度大，耗时长，但是收益较高，符合人力资本占优型养殖户的目标需求。自然资本结构占优表明养殖户的自然资本优于其他资本，意味着养殖户可以利用的饲草料资源较丰富，母牛养殖周期长饲草料成本高是限制养殖户养殖母牛的主要因素，而自然资本占优型养殖户既可以利用农作物秸秆等饲喂母牛降低养殖成本，同时可以通过粪便还田的方式实现养殖业和种植业的良性循环，因此自然资本占优型结构能提升养殖户做出养殖母牛和扩大母牛养殖规模决策的概率。

从补贴金额以及生计资本结构与补贴金额的交互项来看，补贴金额在不同生计资本优势结构中均能显著正向影响养殖户母牛养殖规模决策行为，也就是说人力资本、自然资本和金融资本占优型养殖户选择进入母牛养殖业后，母牛养殖专项补贴金额越高，越能促使其做出扩大母牛养殖规模的决策。从补贴金额与不同结构的交互项来看，补贴金额与人力资本占优型结构交互项系数通过了1%水平上的显著性检验，影响方向为正，表明补贴金额越高越能放大养殖户人力资本结构优势对母牛养殖规模决策行为的正向影响。主要是由于人力资本占优型养殖户已经具备养殖母牛所需的人力资本条件，而母牛养殖补贴可以弥补养殖户其他生计资本不足的问题，补贴金额越高，养殖户利用补贴增加生产要素投入的能力越强，越有利于人力资本占优型养殖户扩大母牛养殖规模。

5.2.3 生计资本耦合协调度的影响

生计资本耦合协调度对是否养殖母牛这一决策的影响回归结果整理在表5-5中，可以看出，养殖户生计资本耦合协调度显著正向影响是否养殖母牛和母牛养殖规模决策行为，分别通过了1%和10%水平上的显著性检验，假设3得到验证。生计资本耦合协调度正向影响是否养殖母牛和母牛养殖规模决策行为，表明生计资本耦合协调度越高，越能促进养殖户做出养殖母牛和扩大母牛养殖规模的决策。主要是由于耦合协调度高表明养殖户各项生计资本能够形成良性互动，提高资源的配置效率，发挥"1 + 1 > 2"的整体合力，降低了养殖户对母牛养殖风险高、资金周转周期长等问题的顾虑，起到能促进养殖户做出养殖母牛的决策。

表 5 - 5　　　生计资本耦合协调度对母牛养殖决策行为的影响回归结果

变量	(1)	(2)
	是否养殖母牛	母牛养殖规模
生计资本耦合协调度	10. 176 *** (3. 46)	4. 212 * (1. 90)
补贴金额		0. 004 * (1. 71)
补贴金额 × 生计资本耦合协调度		0. 013 * (1. 89)
控制变量	控制	控制
常数项	- 3. 201 *** (- 2. 98)	1. 144 (0. 66)
Sigma	1. 752 *** (3. 75)	

注：*** 、** 、* 分别表示在 1% 、5% 和 10% 的显著性水平。括号里的数为标准误。

5.3　潜在内生性讨论和稳健性检验

5.3.1　潜在内生性讨论

本书在模型设定和变量选取过程都力求尽可能规避模型设定或变

量选取的偏误，以及由此导致的严重内生问题，但由于生计资本与生产决策间的相互关系是复杂多样的，可能存在双向因果等内生性问题的存在。因此，仍有必要对可能存在的内生性问题进行一定的讨论。在社会经济问题研究领域，工具变量法常常被用来讨论因果推断中的内生性问题，工具变量法的基本思想是利用一个"工具变量"来解决内生性问题。所谓"工具变量"，是指一个与自变量相关但不与因变量直接相关的变量。通过使用工具变量来代替自变量，可以消除自变量与误差项之间的相关性，从而得到更准确的因果效应估计。在工具变量的选取上，现有研究较多使用地区层面的工具变量来讨论内生性问题（杨朔等，2021；任天池等，2018）的研究。由于养殖户的养殖决策也会受到周围生计资本状况相近的养殖户做出的决策影响，存在模仿或跟从的现象，因此选取"养殖户所处县其他养殖户的平均生计资本状况"作为工具变量进行潜在内生性讨论，该工具变量满足与解释变量有相关关系但对因变量是外生的条件。

在选取了能够影响内生变量但不影响因变量的变量作为工具变量后，需要使用工具变量估计回归系数，工具变量法的估计方法通常包括两个阶段：第一阶段使用工具变量估计内生自变量，即以生计资本综合值为自变量，"养殖户所处县里的其他养殖户的平均生计资本状况"为因变量，进行普通最小二乘法回归，得到内生变量拟合值。第二阶段使用第一阶的拟合值作为解释变量纳入双栏模型进行回归。表5-6汇报了基准回归结果和工具变量拟合后的结果，可以看出第一阶段F值为11.60，在1%的水平上显著，通常当F统计量大于10时，表明内生变量与工具变量之间具有相关性（杨朔等，2021）。根据模型第二阶段的估计结果，可以看出由工具变量（IV）——养殖户所处县养殖户的平均生计资本水平拟合以后，生计资本水平对养殖户做出养殖母牛的决策产生正向影响，均在1%的水平上显著，说明生计资本水平的提升会促进养殖户做出养殖母牛和扩大母牛养殖规模的决策，与基准回归结论一致，证明基准回归结果较为可靠。

表 5 - 6　　　　　　　　　基准回归和工具变量拟合结果

变量	基准回归		工具变量法	
	是否养殖母牛	母牛养殖规模	是否养殖母牛	母牛养殖规模
生计资本综合值	12.876 ** (2.40)	8.321 ** (2.68)	9.860 ** (2.06)	3.39 * (1.71)
控制变量	控制	控制	控制	控制
Wald X^2 值	123.06 **		110.53 **	
F 值			11.60	
DWH 检验			9.814 *	

注：** 、* 分别表示在5%和10%的显著性水平。括号里的数为标准误。

5.3.2　模型稳健性检验

由于养殖户是否养殖母牛和母牛养殖规模是一个两阶段决策过程的结合，但两个阶段的决策在某种程度上存在着"同时决策"的可能性，需要对模型的稳健性进行进一步的检验。模型稳健性检验常用的方法有更换变量、更换拟合方法等，参考杨朔等（2021）的研究，本章通过更换拟合方法来检验模型的稳健性，使用 Heckman 两阶段模型进行回归，估计结果如表 5 - 7 所示。从模型拟合结果来看，生计资本综合值对是否养殖母牛和母牛养殖规模决策行为的影响系数方向与大小基本与双栏模型的回归结果一致。使用 Heckman 两阶段模型进行回归同样显示生计资本水平对养殖户是否养殖母牛和母牛养殖规模决策行为有显著的正向影响，结论与前面的论述一致。因此，可以证明基准回归结果具有稳健性。

表 5 – 7 模型的稳健性检验结果

变量	(1)	(2)
	是否养殖母牛	母牛养殖规模
生计资本综合值	12. 091 ** (2. 26)	10. 476 ** (2. 57)
控制变量	控制	控制
逆米尔斯比率		1. 549 ***
Log likelihood	165. 992	

注：*** 、** 分别表示在 1% 、5% 的显著性水平。括号里的数为标准误。

5.4 本 章 小 结

本部分基于研究团队实地调研的肉牛生产重点省份养殖户的一手数据，运用 double-hurdle 模型分析了养殖户生计资本水平、结构、耦合协调度对是否养殖母牛和母牛养殖规模决策行为的影响，并采用工具变量法对潜在内生性问题进行了讨论，通过更换方法进行了稳健性检验。研究结果有三点。第一，生计资本水平的提升能够促进养殖户做出养殖母牛和扩大母牛养殖规模的决策。生计资本各维度对是否养殖母牛和母牛养殖规模决策行为的影响有所不同。特别需要说明的是，金融资本对是否养殖母牛和母牛养殖规模决策行为的影响存在差异，当养殖户选择是否养殖母牛时，金融资本丰富的养殖户出于资金周转考虑，往往不愿意进入母牛养殖环节。但是当养殖户选择进入母牛养殖业后，金融资本丰富的养殖户具备扩大养殖规模的能力，通常会做出扩大母牛养殖规模的决策。第二，不同的生计资本结构优势对养殖户是否养殖母牛和母牛养殖规模决策行为有不同的影响，人力资本和自然资本占优型养殖户做出养殖母牛和扩大母牛养殖规模决策的概率更高，反映出母牛养殖需要一定的养殖经验和精细化管理，对养殖户的人力资本要求较高，并且养殖周期长，饲喂成本高，自然资本占优型养殖户能够节省饲喂成本，具有一定的优势。第三，生计资本耦合协调度在 1% 水平上显著正向影响是否养殖母牛和母牛养殖规模决策行为，表明养殖户生计资本耦合协调度高可以提高要素配置的效率，发挥了"1 + 1 > 2"的整体合力，降低了养殖户对母牛养殖风险高、资金周转周期长等问题的顾虑，越能促进养殖户做出养殖母牛的决策。

第 6 章

生计资本对母牛养殖主推
技术采纳决策的影响

本章讨论的技术采纳决策是包括技术采纳意愿、技术采纳行为在内的一个决策过程。养殖户作为母牛养殖的决策主体和技术实施主体，其生计资本水平、结构和耦合协调度会在技术采纳决策过程中起到不同的作用。本章将在第 4 章对肉牛养殖户生计资本测度的基础上，分别考察生计资本水平对养殖户母养殖主推技术采纳意愿和采纳行为的影响。由于本章研究的主要目的是找出影响养殖户最终是否采纳母牛养殖主推技术的因素，进而引导养殖户做出采纳母牛养殖主推技术的决策。所以本章将研究重点放在生计资本对养殖户技术采纳行为的影响分析上，对技术采纳意愿的分析仅从生计资本水平的角度出发，生计资本结构和耦合协调度不参与采纳意愿的影响分析。

6.1　数据来源与样本特征

6.1.1　数据来源

本章所使用的数据来源为课题组于 2022 年 8 月至 11 月对内蒙古

自治区、宁夏回族自治区、四川省和山东省 4 个省（区）的实地调查获取的数据，在回收的 394 份有效调查问卷中，养殖母牛的农户为 282 户，本章基于这 282 户母牛养殖户的调查数据开展分析。调研区域为宁夏回族自治区的海原县、西吉县，内蒙古自治区的阿鲁科尔沁旗和巴林左旗、克什克腾旗，四川省的筠连县、平昌县、旺苍县等，山东省的梁山县、郓城县、无棣县等，共计 14 个县（市）。

6.1.2　样本特征

在探究生计资本对养殖户母牛养殖主推技术采纳决策行为的影响前，需要对调研区域养殖户技术采纳意愿及技术采纳行为的现状进行简要描述。此外，前面在对生计资本影响母牛养殖主推技术采纳决策行为的机理分析中考虑到生计资本可能会通过技术感知间接影响养殖户的技术采纳意愿，因此对调研区域养殖户技术感知同样进行简要描述。

调研样本户母牛养殖主推技术采纳意愿、技术易用性感知、技术有用性感知的平均值如表 6－1 所示。可以看出，当前养殖户对母牛主推技术的采纳意愿平均值为 3.4010，表明养殖户对母牛养殖主推技术的平均采纳意愿介于一般愿意和比较愿意之间。从产区情况来看，西北产区的技术采纳意愿较高，主要是由于近年来西北产区大力发展肉牛产业，政府主管部门和行业组织广泛开展养殖技术培训及推广，有效地提高了养殖户对母牛养殖主推技术效果和优势的认知，养殖户在条件允许的情况下，愿意尝试母牛养殖主推技术。西南产区的技术采纳意愿平均值处于四个产区中较低水平，主要是由于标准化牛舍技术、粪污资源化利用技术等需要一定的土地及设施，西南地区土地资源有限，用地约束较多，养殖户出于土地集约化利用考虑，对相关技术的采纳意愿相对较低。从技术有用性感知和技术易用性感知的平均值来看，养殖户认为母牛养殖主推技术能够带来效益的均值，明显低于养殖户认为通过技术培训能够轻易掌握母牛养殖主推技术的均值。反映出相比技术有用性来说，养殖户对技术的易用性感知更高。这说明养殖户对于技术是否易于掌握认知较高，但对于是否能带来效益感知程度不高。这也反映出当前我国肉牛养殖技术推广过程中对技术应用的推广效果较好，但是忽略了宣传和示范技术应用带来的效益。

表 6 - 1　　　　　　　　　　调研样本特征描述

产区	技术采纳意愿	技术易用性感知	技术有用性感知
东北产区	3.5385	3.7869	2.9615
西北产区	3.6577	3.4615	2.9836
中原产区	3.3162	3.2791	3.1163
西南产区	3.1279	3.3077	2.7607
总体均值	3.4010	3.4264	2.9391

调研样本户中，对标准化牛舍技术等4项母牛养殖主推技术的采纳情况如图6-1至图6-4所示。可以看出，采纳母牛繁殖技术的养殖户占比最大，占母牛养殖户总数的91.84%。可能的解释是，一方面，养殖母牛最主要的目的就是繁殖犊牛，而人工授精等母牛繁殖技术可以提高母牛的配种受胎率，同时减少种公牛饲养头数，降低饲养管理费用等；另一方面，母牛繁殖技术的推广力度较高，降低了采纳该技术的门槛，因此对母牛繁殖技术的采纳较高。采纳粪污资源化利用技术的占比较少，占母牛养殖户的33.33%。这反映出当前母牛养

殖粪污资源化利用率较低，主要是由于粪污资源化利用技术需要建设相应的设施设备，一次性投资较大，而母牛养殖户通常规模较小，往往不具备承担这部分成本的能力。粪污还田技术虽然处理费用较低，但实际使用时需要配备专业的搅拌、施肥等机械设备，并且只能在一定范围内使用，长距离运输会产生较高的费用，也影响了养殖户对这一技术的采纳意愿。

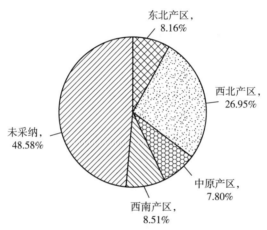

图6-1　养殖户对标准化牛舍技术的采纳情况

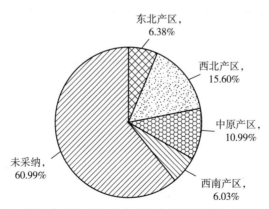

图6-2　养殖户对专业配方或全混合日粮饲喂技术的采纳情况

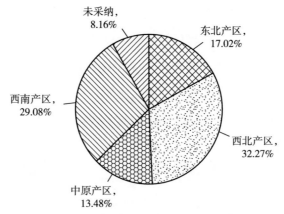

图 6 - 3　养殖户对繁殖技术的采纳情况

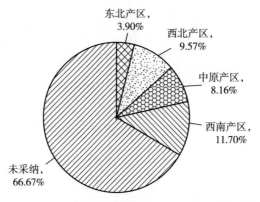

图 6 - 4　养殖户对粪污资源化利用技术的采纳情况

6.2　生计资本对母牛养殖主推技术 采纳意愿的影响分析

6.2.1　模型构建

本章主要构建的模型是结构方程模型（structural equation model，

SEM)。考虑到生计资本可能会通过技术有用性和易用性等技术感知，对养殖户母牛养殖主推技术采纳意愿产生间接影响，本章将技术感知纳入分析模型。由于技术感知和技术采纳意愿通常难以直接观测，所以通过结构方程模型探究生计资本与技术感知及母牛养殖主推技术采纳意愿间的关系较为适合。结构方程模型结合了因素分析、回归分析、路径分析等多种分析方法，可以同时分析多个变量之间的关系。其基本思想是将一个复杂的潜在变量或现实变量系统分解为几个互相作用的因素，并通过测量变量对这些因素进行观察和分析。

　　结构方程模型可以用来研究多个自变量和因变量之间的复杂关系，包括直接效应和间接效应等，从而能够更全面地了解变量之间的关系。结构方程模型还可以处理多种类型的变量，包括连续、二元、有序和无序分类变量，并且估计测量误差和潜在变量的影响，从而提高模型的准确性。结构方程模型一般包括测量模型和结构模型，测量模型描述了观察到的变量（也称为指标或测量项）与它们背后的潜在构念（也称为因子）之间的关系，用于解释指标变异的来源。测量模型通常由因子载荷、测量误差和因子方差等参数组成，这些参数可以用来评估指标的可信度和效度，从而确定指标是否可以作为潜在因子的测量。测量模型的一般公式如式（6 - 1）所示：

$$\xi = \Lambda\eta + \varepsilon \qquad (6-1)$$

其中，ξ 是可观测变量的向量，η 是潜在变量的向量，Λ 是因子载荷矩阵，ε 是可观测变量的误差项。

　　结构模型描述了潜在因子之间的关系，用于解释潜在因子之间的关系以及它们对观察变量的影响。结构模型通常由路径系数和残差项组成，路径系数表示潜在因子之间的关系强度和方向，而残差项则表示观察变量未被模型所解释的部分。通过结构模型，我们可以了解潜在因子之间的关系，并且可以预测它们对观察变量的影响。结构模型的具体如式（6-2）所示：

$$\eta = \beta\eta + \zeta \qquad\qquad (6-2)$$

其中，η 表示潜在变量的向量，β 是回归系数矩阵，ζ 是结构模型中的误差项。

6.2.2　变量选取及说明

本章选取人力资本、物质资本、金融资本、自然资本、社会资本、心理资本、技术有用性感知、技术易用性感知、母牛养殖主推技术采纳意愿9个潜变量进行分析。其中人力资本、物质资本、金融资本、自然资本、社会资本、心理资本的观测变量以第4章构建的生计资本综合评价指标体系中各指标综合评价值进行测度，在此不做过多赘述。技术感知分为有用性感知和易用感知，技术有用性感知以"您认为母牛养殖主推技术能够带来效益"这一问题的认同程度来表征，技术易用性感知以"通过技术培训我能够轻易地了解和掌握母牛养殖主推技术"这一问题的认同程度来表征，采用李克特五级量表进行赋值。技术采纳意愿通过养殖户对"如果条件允许，我愿意采纳母牛养殖主推技术"这一问题的回答，采用李克特五级量表进行赋值。技术有用性感知、技术易用性感知及技术采纳意愿各变量的定义如表6-2所示。各潜变量间的路径关系如图6-5所示。

表 6 – 2　　　　　　　　　　潜变量及测量变量的选取

潜变量	测量变量	取值
技术有用性感知	您认为母牛养殖主推技术能够带来效益	采用李克特五级量表进行赋值： 1 = "完全不同意" 2 = "不太同意" 3 = "一般" 4 = "比较同意" 5 = "完全同意"
技术易用性感知	通过技术培训我能够轻易地了解和掌握母牛养殖主推技术	
技术采纳意愿	如果条件允许，我愿意采纳母牛养殖主推技术	

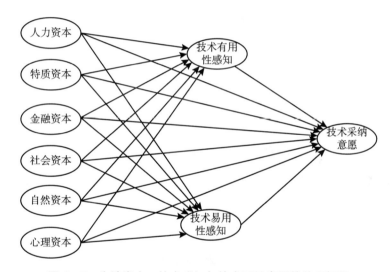

图 6 – 5　生计资本、技术感知与技术采纳意愿的关系框架

6.2.3　实证分析

1. 模型相关检验

为了确保统计推断的准确性和可靠性，需要对模型进行"违反估计和正态性"检验。"违反估计"通常指在样本数据中存在一些非典型或者异常值，导致估计量的偏差或者方差过大，进而影响统计推

断的准确性和可靠性。"违反正态性"则是指在样本数据中，变量的分布不符合正态分布的假设。如果模型样本数据没有通过违反估计和正态性检验，则可能需要对数据或模型进行修正，以保证统计推断的准确性和可靠性。经检验，标准化系数均小于 1，且标准误数值较小；测量误差的方差均大于 0；协方差间标准化系数均小于 1；协方差矩阵或相关矩阵为正定矩阵。模型中测量变量的偏度系数和峰度系数均接近 0。检验结果表明模型不存在违反估计的问题，且测量变量呈正态分布。

在对模型进行"违反估计和正态性"检验后，需要进一步对模型的整体适配度进行检验。模型适配度检验是评估一个统计模型是否能够较好地拟合数据的过程。绝对拟合指数（absolute fit index）、相对拟合指数（relative fit index）、简约拟合指数（parsimony fit index）是结构方程模型（SEM）中常用的三种模型拟合度指标。检验结果如表 6-3 所示，可以看出绝对拟合指数、相对拟合指数中和简约拟合指数的各项具体指标都处于标准值以内，说明模型整体适配度较好，能够较好地拟合数据。

表 6-3　　　　　　　　模型整体适配度检验

拟合指数	具体指数	实际拟合值	标准值	结果
绝对拟合指数	X^2/df	2.515	<3	可接受
	RMR	0.041	<0.05	拟合良好
	GFI	0.943	>0.9	拟合良好
相对拟合指数	NFI	0.952	>0.9	拟合良好
	TLI	0.927	>0.9	拟合良好
	CFI	0.969	>0.9	拟合良好

续表

拟合指数	具体指数	实际拟合值	标准值	结果
简约拟合指数	PGFI	0.601	> 0.5	可接受
	PNFI	0.688	> 0.5	可接受
	PCFI	0.670	> 0.5	可接受

资料来源：根据 AMOS 运行结果整理所得。

2. 实证结果分析

经过模型相关检验后，通过 AMOS 26.0 将模型进行拟合，得到各维度生计资本综合值、技术感知及养殖户母牛养殖主推技术采纳意愿间标准化路径系数，如表 6 - 4 所示。从拟合结果可以看出，各维度生计资本对养殖户的技术采纳意愿不仅有直接影响，还会通过技术有用性感知和技术易用性感知产生间接影响。

表 6 - 4　　　　　　　　结构方程估计结果

路径	标准化路径系数	假设检验
采纳意愿 <-- 人力资本	0.276 **	接受
采纳意愿 <-- 物质资本	0.358 ***	接受
采纳意愿 <-- 金融资本	0.373 ***	接受
采纳意愿 <-- 自然资本	0.061 *	接受
采纳意愿 <-- 社会资本	0.455 ***	接受
采纳意愿 <-- 心理资本	0.298 ***	接受
采纳意愿 <-- 易用性感知	0.201 *	接受
采纳意愿 <-- 有用性感知	0.537 ***	接受
易用性感知 <-- 人力资本	0.201 **	接受
易用性感知 <-- 物质资本	0.502 **	接受
易用性感知 <-- 金融资本	0.465 *	接受

133

续表

路径	标准化路径系数	假设检验
易用性感知 <-- 自然资本	0.109 *	接受
易用性感知 <-- 社会资本	0.624 ***	接受
易用性感知 <-- 心理资本	0.477 *	接受
有用性感知 <-- 人力资本	0.229 *	接受
有用性感知 <-- 物质资本	0.177 *	接受
有用性感知 <-- 金融资本	0.244 **	接受
有用性感知 <-- 自然资本	0.112 *	接受
有用性感知 <-- 社会资本	0.261 **	接受
有用性感知 <-- 心理资本	0.144 *	接受

注：*** 、** 、* 分别表示在1%、5%和10%的水平上显著。

标准化路径系数反映的是变量之间的关系强度，从拟合结果来看，各维度生计资本对养殖户母牛养殖主推技术采纳意愿影响的标准化路径系数均为正且通过了显著性检验，人力资本、物质资本、金融资本、自然资本、社会资本、心理资本对母牛养殖主推技术采纳意愿影响的标准化路径系数分别为0.276、0.358、0.373、0.061、0.455、0.298。说明生计资本对养殖户技术采纳意愿存在着一定的正向促进作用，假设得到验证。养殖户生计资本增加，母牛养殖主推技术的采纳意愿也会相应增加。反映各维度生计资本影响技术易用性感知和技术有用性感知的路径系数也为正，且通过了显著性检验，说明养殖户生计资本的增加有助于提高养殖户对技术有用性和易用性的感知。反映中介变量技术易用性感知、技术有用性感知影响采纳意愿的路径系数分别为0.201、0.537，且分别在10%和1%的水平上显著。这意味着，技术有用性感知、技术易用性感知在生计资本对养殖场户母牛养殖主推技术采纳意愿的影响之间起到中介变量的作用。可能的解释是，生计资本可以提供养殖户接触、了解和学习母牛养殖主推技术的机会，增加养殖户对母牛养殖主推技术的认知，进而影响养殖户的技术采纳意愿。

具体来说，人力资本丰富的养殖户可以通过教育和培训来提高自身的技能和知识水平。物质资本和自然资本丰富的养殖户，具备母牛养殖主推技术实践的基础，使养殖户可以更好地了解、应用和优化各种母牛养殖主推技术，从而提高他们的技术感知水平。金融资本丰富的养殖户，能够更容易地获得技术信息和资源，他们也会更加注重风险控制，以保障生产经营的稳定性和可持续性，这些能力和意识会促使他们在采纳某项技术前对技术进行更深入的了解，增加对技术有用性和易用性的感知。拥有丰富社会资本的养殖户可以通过与其他农民或专业人士交流和合作，了解母牛养殖主推技术。心理资本丰富的养殖户具备较高的自我效能感，对产业发展前景更加自信和积极，可以帮助养殖户更好地适应技术变化，增强技术学习的意愿和信心，提高对新技术的接受度和应用能力，并克服技术应用中的各种困难和挑战。当养殖户对母牛养殖主推技术的有用性和易用性感知提高时，可能会对他们的技术采纳意愿产生正向影响，当养殖户认为某项技术易于掌握且能够产生效益时，采纳意愿可能也会相应地提高。

为了进一步探讨生计资本各维度指标对养殖场户技术采纳意愿的影响，计算出生计资本对养殖技术采纳意愿影响的直接效应、间接效应和总效应。结果如表6-5所示。从总效应来看，社会资本对养殖场户母牛养殖主推技术采纳意愿的总体影响最大（0.720），其次为金融资本（0.597）和物质资本（0.554），自然资本对母牛养殖主推技术采纳意愿的正面促进作用最小（0.143）。生计资本各维度对母牛养殖主推技术采纳意愿影响的总效应具体排序为社会资本 > 金融资本 > 物质资本 > 心理资本 > 人力资本 > 自然资本。这反映出社会资本在技术扩散中的重要地位，社会资本丰富的养殖户具备更发达的社会网络，而技术扩散过程主要是通过社会网络的传播、模仿。养殖户家庭是否有村级以上干部、是否有兽医等也是社会资本的具体形式，社会资本丰富的养殖户，具有更高的社会信任，对主推技术的接受度较高，因而是影响技术采纳意愿的主要因素。

表 6 – 5 生计资本各维度对养殖户母牛养殖主推
技术采纳意愿的影响效应

变量	直接效应	间接效应		总效应
		作用路径	效应	
人力资本	0.276 **	人力资本 --> 易用性感知 --> 技术采纳意愿	0.040	0.439
		人力资本 --> 有用性感知 --> 技术采纳意愿	0.123	
物质资本	0.358 ***	物质资本 --> 易用性感知 --> 技术采纳意愿	0.101	0.554
		物质资本 --> 有用性感知 --> 技术采纳意愿	0.095	
金融资本	0.373 ***	金融资本 --> 易用性感知 --> 技术采纳意愿	0.093	0.597
		金融资本 --> 有用性感知 --> 技术采纳意愿	0.131	
自然资本	0.061 *	自然资本 --> 易用性感知 --> 技术采纳意愿	0.022	0.143
		自然资本 --> 有用性感知 --> 技术采纳意愿	0.060	
社会资本	0.455 ***	社会资本 --> 易用性感知 --> 技术采纳意愿	0.125	0.720
		社会资本 --> 有用性感知 --> 技术采纳意愿	0.140	
心理资本	0.298 ***	心理资本 --> 易用性感知 --> 技术采纳意愿	0.096	0.471
		心理资本 --> 有用性感知 --> 技术采纳意愿	0.077	

注：***、**、*分别表示在1%、5%和10%的水平上显著。

从间接效应看，生计资本各维度中，除物质资本和心理资本外，其他生计资本通过技术有用性感知的间接影响均大于通过技术易用性感知的间接影响。这反映出对于养殖场户来说，技术应用最终目的是提高产量和利润。他们更加关注的是技术是否能够带来经济效益，而不是技术本身的难易程度。换言之，养殖户更关注的是技术的应用效果，而不是技术的具体实现方式。物质资本和心理资本，通过技术易用性感知影响技术采纳意愿的间接效应大于通过技术有用性感知的间接影响，主要是由于物质资本丰富的养殖户，具备技术实施的物质基础，能够更加容易掌握和应该相关技术，这对技术易用性的影响更大。心理资本丰富的养殖户，在技术采纳时更具有探索精神，愿意尝试和应用相关技术，通过对技术的应用和尝试，能够更熟练地掌握某项技术，因此对技术的易用性感知影响更大。

6.3 生计资本对母牛养殖主推技术
采纳行为的影响分析

6.3.1 二元 Probit 模型构建

本章分析的生计资本对养殖户是否采纳母牛养殖主推技术这一决策行为。养殖户是否采纳母牛养殖主推技术是一个典型的二值选择问题。因变量是二元离散变量的数据，研究中多使用二元 Probit 模型。此外，要检验生计资本水平、结构和耦合协调度对是否养殖母牛这一决策的影响，需要控制住可能影响是否养殖母牛决策行为的其他因素，进而分析生计资本对母牛养殖决策行为影响的净效应。基于此，模型设定如下：

$$P = P(y = 1 \mid x) = F(x, \beta) = \Phi(\beta x') \qquad (6-3)$$

其中，P 代表养殖主体母牛养殖决策的概率，y 表示养殖户是否采纳母牛养殖主推技术的二分类变量，x 为解释变量，Φ 为正态分布函数。

式（6-3）可以转换为：

$$\ln\left(\frac{P}{1-P}\right) = \beta_1 livelihood + \beta_2 control + \mu \qquad (6-4)$$

其中，P 代表养殖主体母牛养殖决策的概率，$livelihood$ 为生计资本，β_1、β_2 为待估参数，$control$ 为控制变量，μ 为随机干扰项。

6.3.2　变量选取及说明

（1）被解释变量：本节被解释变量为养殖户母牛养殖主推技术采纳行为。养殖户在母牛养殖过程中采用了母牛养殖主推技术赋值为 1，未采用赋值为 0。

（2）核心解释变量：以当期养殖户生计资本水平值、生计资本结构和生计资本耦合协调度为核心解释变量。生计资本水平值来自第 4 章的计算结果。生计资本结构用生计资本结构优势来体现，并以 0~1 方式进入模型。具体赋值同第 5 章。样本总体中心理资本占优型养殖户、社会资本占优型养殖户和物质资本占优型养殖户的比重分别为 0.00%、0.63%（2 户）、2.21%（9 户），占比较少，因此只选取人力资本占优型、自然资本占优型和金融资本占优型结构变量。生计资本耦合协调度根据第 4 章的耦合协调度模型算出，具体计算过程在此不再赘述。

考虑到母牛养殖补贴可能会对技术采纳行为造成影响，因此同第 5 章，本书将母牛养殖补贴纳入模型进行分析，采用"养殖户所在县其他养殖户获得的母牛养殖补贴金额平均值"纳入模型。

（3）控制变量：同第 5 章一致，控制变量选取犊牛和架子牛价格、民族，同时为了减少地理区位条件和一些不可观测变量对母牛养殖决策行为的影响，设置了产区虚拟变量。

6.3.3　实证分析

利用最大似然法进行模型的参数估计结果如表 6－6 至表 6－9 所示，其中表 6－6 模型（1）汇报了生计资本综合值对母牛养殖主推技术采纳行为的影响。由于在模型（1）中补贴金额对标准化牛舍技术、专业配方或全混合日粮饲喂技术及繁殖技术的采纳影响不显著，因此对各维度生计资本水平对养殖技术采纳行为影响模型中，仅在粪污资源化利用技术中考虑补贴的影响。表 6－7 模型（2）汇报了各类生计资本水平值对母牛养殖主推技术采纳行为的影响，表 6－8 模型（3）汇报了生计资本耦合协调度对母牛养殖主推技术采纳行为的影响。表 6－9 汇报了生计资本结构对母牛养殖主推技术采纳行为的影响。

表 6－6　　生计资本综合值对母牛养殖主推技术采纳行为的影响

变量	模型（1）			
	标准化牛舍建设	专业配方或全混合日粮饲喂技术	繁殖技术	粪污资源化利用技术
生计资本综合值	3.413 ** (1.97)	4.247 ** (2.41)	1.479 * (2.00)	7.632 *** (3.98)
补贴金额	0.001 (0.11)	－0.001 （－0.47）	0.003 (0.22)	0.004 ** (2.32)
补贴金额×生计资本综合值	－0.002 （－0.58）	0.001 (0.08)	－0.002 （－0.25）	0.0159 ** (2.09)

续表

变量	模型（1）			
	标准化牛舍建设	专业配方或全混合日粮饲喂技术	繁殖技术	粪污资源化利用技术
控制变量	控制	控制	控制	控制
常数项	− 7.004 * （− 1.71）	− 4.393 ** （− 2.30）	− 7.087 *** （− 3.70）	− 3.33 * （− 1.72）
Log likelihood	− 166.311	− 177.938	− 180.733	− 172.422
LR chi^2	41.96	14.05	14.41	29.74
Prob > chi^2	0.000	0.007	0.006	0.000
Pseudo R^2	0.112	0.038	0.033	0.079

注：括号里为 z 值；***、**、* 分别表示在 1%、5% 和 10% 的水平上显著。

表 6 – 7　生计资本各维度对母牛养殖主推技术采纳行为的影响

变量	模型（2）			
	标准化牛舍建设	专业配方或全混合日粮饲喂技术	繁殖技术	粪污资源化利用技术
人力资本	13.349 *** （3.11）	18.903 *** （4.01）	10.398 ** （2.56）	14.904 *** （3.43）
物质资本	21.372 *** （2.82）	30.727 *** （3.22）	13.673 ** （1.96）	27.118 *** （3.15）
金融资本	7.483 *** （2.99）	22.056 *** （5.09）	6.321 * （1.66）	12.029 *** （3.19）
自然资本	3.064 （0.45）	− 2.977 （− 0.62）	4.087 （0.81）	15.643 ** （2.53）
社会资本	17.307 *** （2.93）	32.338 *** （3.26）	10.861 （1.63）	15.684 ** （2.19）

续表

变量	模型（2）			
	标准化牛舍建设	专业配方或全混合日粮饲喂技术	繁殖技术	粪污资源化利用技术
心理资本	20.234 （1.27）	2.104 （0.13）	21.271 （1.38）	29.70* （1.86）
补贴金额				0.003** （2.35）
补贴金额×人力资本				-0.038 （-0.69）
补贴金额×物质资本				-0.828 （-0.78）
补贴金额×金融资本				21.876 （0.90）
补贴金额×自然资本				0.2482** （2.28）
补贴金额×社会资本				-4.537 （-1.19）
补贴金额×心理资本				26.22*** （3.70）
控制变量	控制	控制	控制	控制
常数项	-9.935*** （4.12）	-6.122** （-2.44）	-6.691*** （-2.97）	-5.662** （-2.40）
Log likelihood	-162.348	-149.06	-172.58	-163.358
LR chi^2	52.36	61.75	24.77	47.87
Prob > chi^2	0.000	0.000	0.003	0.000
Pseudo R^2	0.139	0.172	0.067	0.1278

注：括号里为z值；***、**、*分别表示在1%、5%和10%的水平上显著。括号里的数为标准误。

表6-8   生计资本耦合协调度对母牛养殖主推技术采纳行为的影响

变量	模型（3）			
	标准化 牛舍建设	专业配方或全混 合日粮饲喂技术	繁殖技术	粪污资源化 利用技术
生计资本耦合协调度	3.065*** (3.23)	3.106*** (3.13)	0.2147 (0.24)	1.894** (2.06)
补贴金额	-0.002 (-0.64)	0.001 (0.04)	0.003 (0.67)	-0.003 (-0.13)
补贴金额×生计 资本耦合协调度	0.006 (0.55)	-0.002 (-0.21)	-0.007 (-0.92)	0.008 (0.80)
控制变量	控制	控制	控制	控制
常数项	-6.046*** (-3.03)	-1.970** (-1.99)	-4.221** (-2.16)	-1.650 (-0.85)
Log likelihood	-175.92	-175.85	-181.113	-183.289
LR chi^2	25.22	20.02	7.70	10.13
Prob > chi^2	0.000	0.017	0.103	0.0384
Pseudo R^2	0.069	0.033	0.021	0.0269

注：括号里为 z 值；***、** 分别表示在1%、5%的水平上显著。

表6-9   生计资本结构对母牛养殖主推技术采纳行为的影响回归结果

变量	母牛养殖主推技术采纳行为			
	标准化牛 舍建设	专业配方或全混 合日粮饲喂技术	繁殖技术	粪污资源化 利用技术
人力资本占优型	-0.105 (-0.47)	1.002*** (3.90)	0.417** (2.11)	0.224 (0.94)
金融资本占优型	0.646** (2.18)	0.659** (2.22)	0.598* (1.81)	0.959*** (2.96)
自然资本占优型	-0.276 (-0.12)	-0.069 (-0.31)	0.075* (1.72)	1.170** (2.35)

续表

变量	母牛养殖主推技术采纳行为			
	标准化牛舍建设	专业配方或全混合日粮饲喂技术	繁殖技术	粪污资源化利用技术
补贴金额	-0.035 (1.10)	-0.001 (-0.84)	-0.001 (-0.29)	0.002 (1.24)
补贴金额×人力资本占优型	0.003 (0.98)	0.001 (0.42)	0.001 (0.28)	-0.001 (-0.88)
补贴金额×自然资本占优型	0.003 (0.89)	-0.002 (-0.82)	0.001 (0.50)	-0.001 (-0.66)
补贴金额×金融资本占优型	0.004 (1.13)	-0.000 (-0.15)	0.001 (0.13)	0.002 (0.88)
控制变量	控制	控制	控制	控制

注：括号里为 z 值；***、**、* 分别表示在 1%、5% 和 10% 的水平上显著。

1. 生计资本水平对养殖户母牛养殖主推技术采纳行为的影响

通过对二元 Probit 模型的回归结果可以看出，各项主推技术采纳行为受生计资本影响均通过显著性检验，拟合优度良好，具备进一步的研究价值。生计资本综合值对母牛养殖主推技术采纳行为有正向影响，反映出生计资本水平的提升对养殖户采纳母牛养殖主推技术有促进作用，假设得到验证。

从生计资本各维度来看，自然资本仅显著正向影响粪污资源化利用技术，可能是由于自然资本越丰富的养殖户对自然资源的可持续利用越重视，并且具备种养循环的基础。社会资本对标准化牛舍建设、专业配方饲料技术或全混合日粮技术、粪污资源化利用技术的采纳行为均有显著的促进作用，主要是由于社会资本丰富的养殖户对主推技术的认知程度较高，通过社会网络的学习和促进，能够更好地应用主推技术，但是社会资本对繁殖技术的采纳影响不显著，可能的原因是当前养殖户为了保证母牛养殖的效益，普遍采用人工授精等方式配种，繁殖技术的普及性较高，社会资本与养殖户采纳繁殖技术之间的正相关关系不显著。心理资本对各项母牛养殖主推技术采纳行为的影像中，只有对粪污资源化利用技术采纳行为的正向影响通过了10%水平上的显著性检验。可能是由于粪污资源化利用技术通常需要投入较大成本，并且需要建设粪污处理设施，养殖户有可能面临亏损的风险，需要养殖户具有较强的心理资本，风险态度较为积极，对产业的长期发展持乐观态度的养殖户才会采纳相关技术，因此心理资本水平对粪污资源化利用技术采纳行为具有显著的正向影响。母牛养殖补贴仅对粪污资源化利用激素有显著的正向影响，并且与生计资本的交互项显著为正，表明母牛养殖补贴会放大生计资本提升对粪污资源化技术采纳的正向影响。主要是由于粪污资源化利用技术投入较高，补贴金额越高，养殖户在生计资本提升时越倾向于采纳粪污资源化利用技术。

2. 生计资本结构对养殖户母牛养殖主推技术采纳行为的影响

从表6-8的回归结果可以看出，生计资本结构对母牛养殖技术采纳行为存在影响，且不同的生计资本结构优势对这一决策行为的影响存在差异。具体来看，人力资本占优型结构对专业配方饲料或全混合日粮技术、繁殖技术的采纳具有显著的正向影响，但是对标准化牛舍建设、粪污资源化利用技术的采纳影响不显著，假设5部分成立。可能是由于人力资本占优型养殖户具备劳动力数量和质量优势，对母牛养殖的管理更为精细，专业配方饲料或全混合日粮技术对人力资本素质的要求较高，需要教育程度或培训程度较高的养殖人员应用相应的技术，并且当养殖户的人力资本优于其他资本时，养殖户更需要保障母牛养殖的效益，较为重视母牛的繁殖能力，因此对繁殖技术的采纳具有正向影响。

物质资本占优型结构对标准化牛舍建设、专业配方的饲料或全混合日粮技术的采纳具有显著的促进作用，主要是由于标准化牛舍建设和专业配方的饲料或全混合日粮技术需要相应的机械设备、基础设施等作支撑，物质资本占优型养殖户可以充分利用自身物质资本的优势，采用相关技术提升养殖效率，因此物质资本占优型结构有利于标准化牛舍建设、专业配方的饲料或全混合日粮技术的采纳。

金融资本占优型结构对标准化牛舍建设等养殖技术采纳均有显著的正向影响，反映出当养殖户具有充足的金融资本时，更愿意尝试和采用多种技术提升生产效率，同时金融资本占优也意味着养殖户能够承担相应的技术采纳的成本，具备更好的技术采纳能力。

自然资本占优型结构对繁殖技术和粪污资源化利用技术的采纳行为均有显著的正向影响，对标准化牛舍建设和专业配方饲料或全混合日粮饲喂技术的采纳有负向影响，但不显著，可能的原因是自然资本丰富的养殖户土地资源和饲草料资源较丰富，对标准化牛舍建设和专业配方饲料等技术的需求不强，因此有一定的负向影响，但是不是影响养殖户采纳这些技术决策的主要影响因素。

3. 生计资本耦合协调度对母牛养殖主推技术采纳行为的影响

根据模型（3）的回归结果，可以看出，养殖户生计资本耦合协调度对标准化牛舍建设、专业的配方饲料或全混合日粮饲喂技术、粪污资源化利用技术的采纳行为具有显著的正向影响，表明养殖户生计资本耦合协调度的增加，各类资本相互配合、转化能力的增强，能够提升养殖户采纳标准化牛舍建设等技术。但是生计资本耦合协调度对繁殖技术的采纳影响未能通过显著性检验，假设 6 部分成立。可能是由于母牛养殖最主要的目的就是繁殖犊牛，养殖户对繁殖技术的认知程度和采纳意愿都较高，基层畜牧兽医站的技术人员对人工授精等技术的推广也降低了采纳相关技术的成本和门槛，因此生计资本耦合协调度对该项技术采纳行为的影响没有呈现出显著的相关性。

6.3.4 潜在内生性讨论

在探究各维度生计资本对母牛养殖主推技术的采纳行为的影响中，本书在模型设定和指标选取上都力图严谨准确，但是由于物质资本与标准化牛舍建设、粪污资源化利用技术等变量间可能存在复杂的双向因果问题，可能导致潜在的内生性问题存在，因此仍需对潜在内生性问题进行进一步讨论。本节同样利用工具变量法探讨可能存在的内生性问题，选取养殖户所处县其他养殖户的平均物质资本状况作为工具变量，该工具变量满足与解释变量有相关关系但对因变量是外生的条件。

估计方法上采用 CMP + IV – Probit 模型对工具变量进行估计，CMP + IV – Probit 模型能够处理因果关系复杂的内生性问题，在处理离散选择模型中的内生变量时具有很强的优势。CMP + IV – Probit 条件混合估计结果如表 6 – 10 所示。根据估计结果可以看出，各模型第一阶段的 atanhrho12 分别通过 1% 或 5% 的显著性水平检验。根据模型第二阶段的估计结果，由工具变量（IV）——养殖户所处县其他养殖户的平均物质资本水平拟合以后，可以看出物质资本水平依然正向影响养殖户母牛养殖主推技术采纳行为，并且均通过了显著性检验，与基准回归的结论一致，证明基准回归结论可靠。

表 6 – 10　　　　　CMP + IV – probit 条件混合估计结果

变量	标准化牛舍建设		专业配方或全混合日粮饲喂技术	
	第一阶段	第二阶段	第一阶段	第二阶段
物质资本		15.191 ** (2.45)		19.271 *** (3.64)
所处县域物质资本平均值	1.311 *** (2.95)		1.022 *** (2.86)	
控制变量	控制	控制	控制	控制
atanhrho_12	0.377 ** (2.69)		0.106 *** (3.62)	
Prob > chi2	0.000	0.000	0.000	0.000
变量	繁殖技术		粪污资源化利用技术	
	第一阶段	第二阶段	第一阶段	第二阶段
物质资本		10.79 * (1.84)		17.916 *** (3.25)
所处县域物质资本平均值	0.433 ** (2.05)		0.415 * (1.94)	
控制变量	控制	控制	控制	控制
atanhrho_12	0.238 *** (2.99)		0.118 ** (2.10)	
Prob > chi2	0.000	0.000	0.000	0.000

注：括号里为 z 值；*** 、** 、* 分别表示在 1%、5% 和 10% 的水平上显著。

6.3.5　模型稳健性检验

本节采用更换方法的方式进行模型的稳健性检验，更换方法进行稳健性检验的基本思想是，采用不同的数据分析方法进行分析，并比较它们的结果是否一致。如果不同的方法得到的结果相同或者接近，那么就说明该数据分析结果具有较好的稳健性，能够排除异常值或极端情况的干扰。更换方法进行稳健性检验可以帮助我们更全面地评估数据分析结果的可靠性和科学性，从而更好地理解数据分布的特点和规律。通过 Logit 回归模型代替 Probit 模型估计生计资本综合值对养殖户母牛养殖主推技术采纳行为的影响。稳健性检验结果如表 6 – 11 所示，根据稳健性检验结果，生计资本各维度对养殖户母牛养殖规模决策行为的影响与 probit 模型回归的结果在影响方向和显著性方面基本一致，说明模型结果是稳健的。

表 6 – 11   Logit 模型估计结果

变量	Logit 模型			
	标准化牛舍建设	专业配方或全混合日粮饲喂技术	繁殖技术	粪污资源化利用技术
生计资本综合值	4.648 ** (2.21)	5.439 ** (2.55)	2.103 * (1.98)	9.445 * (1.82)
补贴金额	0.001 (0.50)	− 0.001 (− 0.51)	0.001 (0.23)	0.006 ** (2.29)
补贴金额 × 生计资本综合值	− 0.003 (− 0.28)	0.002 (1.18)	− 0.003 (− 0.25)	0.0252 ** (2.06)
控制变量	控制	控制	控制	控制
常数项	− 1.294 * (− 1.74)	− 2.214 ** (− 2.25)	− 8.258 ** (− 2.45)	− 3.376 * (− 1.89)
Log likelihood	− 185.56	− 173.998	− 167.039	− 183.135
LR chi^2	47.84	26.97	29.65	29.23
Prob > chi^2	0.000	0.003	0.001	0.000
Pseudo R^2	0.119	0.079	0.081	0.070

注：括号里为 z 值；** 、* 分别表示在 5% 和 10% 的水平上显著。

6.4　本　章　小　结

本章重点关注养殖户生计资本对母牛养殖主推技术采纳决策行为的影响。运用结构方程模型实证检验生计资本水平对养殖户母牛养殖主推技术采纳意愿的影响，并且运用二元 Probit 模型分析了生计资本水平、结构和生计资本耦合协调度对养殖户母牛养殖主推技术采纳行为的影响。本章主要结论有五点。

（1）生计资本对养殖户技术采纳意愿存在着一定的正向促进作用，且养殖户生计资本可以通过影响技术有用性感知和技术易用性感知间接影响养殖户母牛养殖主推技术的采纳意愿。生计资本可以提供养殖户接触、了解和学习母牛养殖主推技术的机会，进而提升养殖户对母牛养殖主推技术的认知程度，影响养殖户的技术采纳意愿。

（2）人力资本、物质资本、金融资本、自然资本、社会资本、心理资本的增加对养殖户母牛养殖主推技术采纳意愿都具有显著的促进作用。各维度生计资本对养殖户技术采纳意愿影响的总效应排序为社会资本＞物质资本＞金融资本＞心理资本＞人力资本＞自然资本。社会资本的总效应最高，反映出社会资本在技术传播过程中发挥着重要作用，社会资本可以提高技术传播的效率。从间接效应看，生计资本通过技术有用性感知对养殖户技术采纳意愿的影响，均大于通过技术易用性对养殖户技术采纳意愿的影响，反映出对于养殖户来说，技术的实际效果比技术本身的难易程度更为重要。他们对能够直接带来经济效益，且易于理解和应用的技术，采纳意愿更高。

（3）生计资本综合值对母牛养殖主推技术采纳行为有正向影响，从生计资本各维度来看，人力资本、物质资本、金融资本对养殖户的技术采纳行为具有显著的正向影响作用，自然资本仅显著正向影响粪污资源化利用技术，可能是由于自然资本越丰富的养殖户对自然资源的可持续利用越重视，并且具备种养循环的基础，因此自然资本对粪污资源化利用技术的采纳具有显著的正向影响。社会资本对标准化牛舍建设、专业配方饲料技术或全混合日粮技术、粪污资源化利用技术的采纳行为均有显著的促进作用，主要是由于社会资本丰富的养殖户对主推技术的认知程度较高，通过社会网络的学习和促进，能够更好地应用主推技术。但是社会资本对繁殖技术的采纳影响不显著，可能的原因是当前养殖户为了保证母牛养殖的效益，普遍采用人工授精等方式配种，繁殖技术的普及性较高，社会资本与养殖户采纳繁殖技术之间的正相关关系不显著。心理资本对养殖户粪污资源化利用技术采纳行为具有正向影响，且通过了10%水平的显著性检验，可能是由于粪污资源化利用需要投资建设中大型粪污处理设施，有可能面临亏损的风险，需要养殖户具有较强的心理资本，并且对产业的长期发展持乐观态度的养殖户才会采纳相关技术，因此心理资本水平对粪污资源化利用技术采纳行为具有显著的正向影响。

（4）生计资本结构对母牛养殖技术采纳行为存在影响，且不同的生计资本结构优势对这一决策行为的影响存在差异。人力资本占优型结构对专业配方饲料或全混合日粮技术、繁殖技术的采纳具有显著的正向影响。物质资本占优型结构对标准化牛舍建设、专业配方的饲料或全混合日粮技术的采纳具有显著的促进作用。金融资本占优型结构对母牛养殖主推技术采纳行为均有显著的正向影响，即当养殖户具有充足的金融资本时，更愿意尝试和采用多种技术提升生产效率，同时金融资本占优也意味着养殖户能够承担相应的技术采纳的成本，具备更好的技术采纳能力。自然资本占优型结构对繁殖技术和粪污资源化利用技术的采纳行为均有显著的正向影响，对标准化牛舍建设和专业配方饲料或全混合日粮饲喂技术的采纳影响不显著，可能的原因是自然资本丰富的养殖户土地资源和饲草料资源较丰富，对标准化牛舍建设和专业配方饲料等技术的需求不强，因此有一定的负向影响，但不是影响养殖户采纳这些技术决策的主要因素。

（5）养殖户生计资本耦合协调度对除繁殖技术以外其他主推技术的采纳行为具有显著的正向影响，表明养殖户生计资本耦合协调度的增加，各类资本相互配合、转化能力的增强，能够提升养殖户采纳标准化牛舍建设等技术，但是由于母牛养殖最主要的目的就是繁殖犊牛，养殖户对繁殖技术的认知程度和采纳意愿都较高，基层畜牧兽医站的技术人员对人工授精等技术的推广也降低了采纳相关技术的成本和门槛，因此生计资本耦合协调度对该项技术采纳行为的影响没有呈现出显著的相关性。

第7章
CHAPTER 7

提升养殖户母牛养殖积极性的路径分析

本书的最终目的是找出提升养殖户母牛养殖积极性的可行方法，扩大母牛养殖规模，保障我国肉牛产业发展的基础。因此本章从促进养殖户做出扩大母牛养殖规模决策行为的角度出发，基于前面实证检验的生计资本各维度对母牛养殖决策行为的影响，结合调研的具体案例，采用定性比较分析方法，探讨不同生计资本组合对养殖户母牛养殖决策行为的影响，找出提升养殖户母牛养殖积极性的关键因素和可行路径。

7.1 理论分析与策略选择

7.1.1 理论分析

理论视角指的是一种理论性的框架或范式，它被用来解释和理解观察到的现象, 探索不同事物之间的关系, 以及提出预测和研究方向。在分析生计资本各维度组合对母牛养殖决策行为影响的综合效应之前, 需要对理论视角进行比较, 选择适合本书特点的理论分析视角, 进而开展研究。

1. 理论视角比较

当前在管理学研究中, 应用最广泛的理论视角包括通用视角、权变视角和组态视角 (Delery et al., 1996)。通用视角、权变视角和组态视角是指在不同的领域和情境中, 用来理解和分析事物的不同方法或框架。通用视角是一种普遍适用的、通用的方法或框架, 可以用来分析和理解各种情境下的问题和现象。通用视角强调系统性思考, 注重整体性和综合性, 具有较高的适用性和灵活性。但是通用视角过于宏观, 缺乏具体的操作性, 难以指导具体的管理实践。且忽略了组织内部的差异性, 不能够很好地适应不同组织的特点和需求。权变视角是指在动态的环境下, 对局面进行调整和变通的方法或框架。权变视角认为, 事物的变化是常态, 而非例外, 因此需要不断调整策略和行动方案, 以适应变化的环境。权变视角强调应变能力和灵活性, 注重实效和适应性。组态视角是指从系统的角度出发, 分析和理解事物的方法或框架。但是权变视角过于局部化, 忽略了组织的整体性, 容易产生短视和片面的问题。组态视角强调整体性和系统性, 认为事物的本质不仅取决于其各个组成部分, 还与它们之间的关系和互动密切相关。组态视角注重系统的结构和功能, 以及系统与环境之间的关系。相比于通用视角和权变视角, 组态视角的分析更加综合和全面。组态视角不仅可以分析自变量与因变量之间的直观因果关系, 还可以考虑自变量之间的相互作用和影响, 以及因变量之间的关系和影响。同时, 组态视角还可以分析社会实践中的系统性和整体性, 揭示社会实践中的系统演化和发展规律。因此, 组态视角在探讨复杂社会实践中的问题时具有独特的优势。(Fiss，2011；Ragin，2014)。

2. 理论视角选定

本章旨在讨论养殖户母牛养殖积极性提升的路径，以母牛养殖规模作为母牛养殖积极性的表征指标。前面的章节已经对生计资本水平、结构和耦合协调度对养殖户的母牛养殖决策行为进行了实证分析，明确了生计资本及其各维度对母牛养殖决策行为的影响方向和承担。在此基础上，需要进一步讨论和模拟能够促进养殖户扩大母牛养殖规模的路径。由于生计资本与母牛养殖决策行为间存在复杂的因果关系，且在不同生计资本组合中，单一条件与结果的因果机制可能会发生改变（Charles C. Ragin，2019），所以需要选择适宜的理论视角进行分析。前面对通用视角、权变视角、组态视角进行了对比，可以看出组态视角的分析更加综合和全面，对复杂的社会现象具有更好的解释力。因此本章选定组态视角作为分析视角，认为母牛养殖规模的扩大可以在生计资本各维度组合作用下达成，并且实现母牛养殖规模扩大的路径不唯一。

7.1.2　策略选择

在确定了组态视角作为本章分析的理论视角后，需要对分析策略进行选择，在调研了解到的生产实际，并且参考已有研究的基础上，考虑到生计资本各维度对养殖户母牛养殖决策行为的影响存在复杂的综合效应，养殖主体自身禀赋与所处环境的不同，在一定条件下往往难以实现多项生计资本的同时提升。同样实现母牛养殖规模扩大的养殖户，所依赖的生计资本组合也存在差异。传统计量分析策略，通常只能较好地解释自变量与因变量二元对称的关系，但是在解释自变量与因变量非对称关系上具有一定的局限性。而定性比较分析方法在这类问题的研究上被广泛应用，具有一定的优势，定性比较分析方法将传统计量分析策略和定性分析策略进行了结合，充分发挥了这两种分析策略的优势和特点，在前面对生计资本与母牛养殖决策行为间的关系进行了定量分析的基础上，再通过定性分析对生计资本与母牛养殖决策行为进行进一步的探究，将有助于更好地找出提升母牛养殖积极性的可行路径。因此，本章选取的分析策略为定性比较分析法。

7.2　研 究 设 计

7.2.1　研究方法

定性比较分析方法（qualitative comparative analysis，QCA）最早由美国社会学家查尔斯·瑞金（Charles Ragin）于 1987 年提出。他在论述定性比较分析方法的著作中，对定性比较分析方法进行了详细的介绍，并将其应用于社会科学研究。定性比较分析方法发展到现在，已成为一种常见的研究方法，在政治学、社会学、管理学、教育学等领域得到广泛应用。定性比较分析方法旨在通过识别条件组合（也称为配置）与结果之间的模式来理解社会现象。定性比较分析方法的主要思想是，一个结果通常可以由多个条件的不同组合而产生。定性比较分析方法的目标是识别这些不同的条件组合，并将它们归类为导致某个结果的"必要条件"或"充分条件"。定性比较分析方法通常使用布尔代数和逻辑运算符来描述条件组合，例如 AND、OR 和 NOT（Mahoney，2010）。通过比较多个案例，可以确定哪些条件组合导致了某个结果的发生，并在结果间进行比较和分类（Fiss，

2011；Misangyi et al.，2017）。定性比较分析方法的优点是可以同时考虑多个条件，而且不需要假设它们之间存在线性关系。它也可以识别出少量的必要或充分条件，这些条件可能对政策制定和实践有重要的启示作用。

该方法需要从两个方面进行适用性检验，即充分性和必要性。其中，充分性是指检验条件变量或变量组合是否足以解释结果变量的变化。在定性比较分析中，充分性是指条件变量或变量组合是构成结果变量的子集，也就是说，只要这些条件变量或变量组合出现，结果变量就会发生相应的变化。因此，充分性是在不考虑其他可能的条件变量或变量组合的情况下，检验给定条件变量或变量组合是否足以解释结果变量的变化程度的一个标准。充分性检验是定性比较分析方法中的一个关键步骤，有助于确定影响结果变量的重要条件变量或变量组合，并对其作出解释。必要性检验是定性比较分析法中用来检验某个条件变量或条件组合是否为导致某个结果变量发生的必要条件的方法。在必要性检验将案例按照结果变量的取值进行分类，并对每个结果变量组别中的条件变量或条件组合进行必要性检验。主要目的是确定哪些条件变量或条件组合是导致某个结果变量发生的必要条件。具体而言，必要性检验要求检查在所有出现了某个结果的案例中，某个条件或条件组合是共同出现的，而在所有未出现该结果的案例中，这个条件或条件组合都没有出现。如果某个条件变量或条件组合通过了必要性检验，那么这个条件变量或条件组合就被认为是导致该结果变量发生的必要条件。必要性检验有助于揭示导致某个结果变量发生的关键条件。定性比较分析方法的适用性检验通常会设置阈值标准，以确定哪些条件变量或条件组合对结果变量的出现最为重要。定性比较分析方法还会汇报覆盖的，覆盖度是用来反映所检验条件组合对整体结果的解释力度，即这些条件组合在样本中出现的频率与所研究结果变量的出现频率之比。

7.2.2　数据说明

本章数据来源为课题组实地调查的 4 个省（区）中的 14 个县（市）的肉牛养殖户的 394 份微观调研数据。在定性比较分析时，样本的选择要考虑案例背景或特征相似性和多样化程度，前述计量经济分析中所使用的微观调研样本满足本章对案例背景和特征的实际考量。

7.2.3　变量选取

结合前面的理论分析和实证检验，本章重点关注人力资本、物质资本、自然资本、金融资本、社会资本和心理资本对实现母牛养殖规模扩大的多种组合模式。因此，本章的条件变量为生计资本各维度的水平值；结果变量为以养殖户母牛养殖规模来考察。参考费斯（Fiss，2011）的研究，将结果变量和条件变量的目标集合分别设定为样本数据的四分位数、平均值和下四分位数 3 个锚点。具体的变量及标定见表 7 - 1。

表 7 - 1　　　　　　　　变量选取与校准锚点

变量类型	变量名称	目标集合	变量赋值与校准锚点		
			完全不隶属	中间点	完全隶属
结果变量	母牛养殖规模	高养殖规模	上四分位数	平均值	下四分位数
条件变量	人力资本	高人力资本	上四分位数	平均值	下四分位数
	物质资本	高物质资本	上四分位数	平均值	下四分位数
	自然资本	高自然资本	上四分位数	平均值	下四分位数

续表

变量类型	变量名称	目标集合	变量赋值与校准锚点		
			完全不隶属	中间点	完全隶属
条件变量	金融资本	高金融资本	上四分位数	平均值	下四分位数
	社会资本	高社会资本	上四分位数	平均值	下四分位数
	心理资本	高心理资本	上四分位数	平均值	下四分位数

7.3 实证检验与路径分析

7.3.1 实证检验

由于充分性和必要性检验中覆盖率和一致率的阈值并非固定值，而应根据具体问题和研究数据进行灵活调整。所以参考已有研究，并结合本书的具体情况，认为覆盖率达到 0.9，一致率大于或等于 0.75 时，表明单项条件变量对结果变量具有较强的解释力（Ragin，2006；Skaanig，2011）。这意味着在该模型中，单项条件变量不仅是构成结果变量的必要条件，也是充分条件。换言之，单项条件变量在解释结果变量时是必需的，同时也是足够的。基于此经验标准，本章就各单项前因条件对实现高母牛养殖规模这一结果变量进行充分性和必要性检验，确定是否存在对结果变量具有重要影响的单项变量，从而提高模型的解释力和可解释性。得到的检验结果如表 7-2 所示。

表 7 - 2　　　　　　　　单项条件变量的必要性与充分性

前因条件	前因条件必要性覆盖率（Coverage）	前因条件充分性一致率（Consistency）
	高养殖规模	高养殖规模
高人力资本	0.4841	0.4889
低人力资本	0.5938	0.6130
高物质资本	0.5008	0.5179
低物质资本	0.5744	0.5791
高自然资本	0.5271	0.5305
低自然资本	0.5426	0.5621
高金融资本	0.5168	0.5246
低金融资本	0.5633	0.5786
高社会资本	0.5461	0.5636
低社会资本	0.5329	0.5384
高心理资本	0.5342	0.5410
低人力资本	0.5481	0.5642

资料来源：表中结果由 fsQCA3.0 软件估算得出。

　　从检验结果来看，各项条件变量在高母牛养殖规模集合中的覆盖率未超过 0.9，即单个因素对结果变量的影响有限，未构成结果变量的必要条件。从充分性来看，各项条件变量的一致率均小于 0.75，对结果变量均不构成充分条件。前因条件的必要性检验分析表明，各项条件变量对母牛养殖规模的单独解释力有限，因此有必要对因素组合进行构型分析，以得到促进母牛养殖规模提升的多个条件构型和因素组合。本书对各条件变量，就高母牛养殖规模目标集合进行条件构型与因素组合分析。采用 fsQCA3.0 软件分析得到提升养殖户母牛养殖积极性的优化路径。

7.3.2 路径分析

虽然已知生计资本对养殖户母牛养殖规模决策行为具有显著的正向影响，但在现实生产实践中，由于某种条件所限，往往难以实现各项生计资本的同时提升，因此，探究多条等效路径来模拟情景，有助于在特定条件下的分类施策。

表 7 - 3 给出了实现高母牛养殖规模的生计资本组合和构型，这些组合的总体一致率为 0.9015，可认为是具有较强解释能力的条件组合。总体覆盖率分别达到 0.7533，表明这些条件构型和组合形式对实现高养殖规模的解释能力超过 70%。实现高母牛养殖规模的条件构型或组合形式有 4 组。

表 7 - 3 高母牛养殖规模的构型

构型结果	母牛养殖规模			
	构型 a	构型 b	构型 c	构型 d
高人力资本	⊗	⊗	●	●
高物质资本		⊗	⊗	
高自然资本	●	·	●	⊗
高金融资本		●		●
高社会资本	●		⊗	·
高心理资本	·			
一致率（Consistency）	0.7304	0.7061	0.7937	0.7700
覆盖率（Raw Coverage）	0.4363	0.4131	0.6008	0.5304
净覆盖率（Unique Coverage）	0.2255	0.1217	0.2340	0.2146
总体覆盖率（Overall Solution Coverage）	0.7553			

续表

构型结果	母牛养殖规模			
	构型 a	构型 b	构型 c	构型 d
总体一致率 （Overall Solution Consistency）	0.9015			

注：●表示核心因果条件变量存在，·表示辅助因果条件变量存在，⊗表示核心因果条件变量缺席，⊗表示辅助因果条件缺席，"空白"表示此构型中该条件变量可存在，也可不存在。

资料来源：表中信息根据 fsQCA 结果整理所得。

构型 a——自然资本和社会资本支持结合心理资本的母牛养殖规模提升路径。该构型为高人力资本条件缺失下，养殖主体可以围绕高自然资本和高社会资本这两项核心因果性条件，并在一定的心理资本条件辅助下，实现母牛养殖的高规模。即如果养殖户自身人力资本有限，并不具备大规模母牛养殖的条件，也就是高人力资本作为核心因果性条件缺失的情况下，可以选择高自然资本和高社会资本支撑的养殖规模提升路径。以下为该构型（即构型 a）的代表性案例：

我本身没有什么文化，孩子都出去上学了，家里只有我和我妻子，我们家还有地要种，又要养牛又要种地，根本忙不过来，尤其是养母牛很"操心"，如果依靠我们自己就没法扩大母牛养殖规模了。但是我加入合作社就不一样了，我们合作社牵头实施统一流转土地再按原租金承包给各家，租金便宜，我也有更多的地可以种玉米饲养母牛，节省了我很多成本。合作社的农机还可以共享，种地养牛效率都变高了，还有人来给我培训一些养殖和防疫的技术，我不懂的地方他们都可以给我们提供技术指导，我现在母牛养得很好，我和我妻子两个人就可以管理这些牛了，一年收入也可以了，我挺满意的。（资料来源：对养殖户 A137 的访谈）

从以上案例可以看出，该养殖户受教育程度较低，家庭劳动力数量也较少，人力资本水平整体较低，但是自己同时还种植了玉米，有一定的自然资本。在高人力资本缺失的情况下，该农户依靠加入合作组织，增加自身社会资本，合作组织通过提供技术支持、农机共享以及统一租地的方式，间接增强了养殖户的人力资本和自然资本，实现了养殖户母牛养殖规模的扩大。

构型 b——金融资本配合自然资本的母牛养殖规模提升路径。该构型解释为在养殖户缺乏人力资本和物质资本的情况下，可以通过高金融资本支持，再辅之一定的自然资本，可以实现母牛养殖规模的扩大。即养殖户高人力资本和高物质资本作为核心因果条件缺失的情况下，养殖主体仍然可以通过提升金融资本，辅以一定的自然资本来扩大母牛养殖规模。以下为该构型（即构型 b）的代表性案例：

我原来没养过牛，前两年听别人说，养牛挣钱，我就自己跟亲戚朋友借了些钱，打算开始养牛。我本身养牛经验少，也没有养牛的物质基础，跟亲戚朋友借钱也不太多，为了节省成本，棚圈、机械设备都尽量简化。由于我没什么经验，物质条件也不行，我也没敢投入太多，养的牛不多，我自己有地，还租了别人的草场，饲喂成本节省了不少。后来听说中国农业银行可以活牛贷款，贷款利率还不高，我赶紧申请了"活牛贷"，镇上把我们推荐给银行，银行多次上门评估我的情况，最终给我提供了贷款，我用贷款买了 20 多头母牛，部分新购入的母牛和我原有的几头母牛生了牛犊，我的养殖规模就扩大了，最近几年肉牛行情好，我的收入也增加了不少。9 月份的时候我卖了 10 多头公牛犊，收入了十多万元，这些钱我用来偿还贷款后，还能剩一部分用于家庭支出和我养牛的支出，这样的贷款政策对我们肉牛养殖户是能够起到实际的作用的，希望政府能多出台这样的政策，对我们养殖户进行帮扶，我们国家的肉牛产业才能发展得更好。（资料来源：养殖户 B9 的访谈）。

从以上案例可以看出，该养殖户养牛经验缺乏，物质资本也不丰富，自身拥有一定的土地等自然资本，通过"活牛贷款"提升了金融资本，由于金融资本的转换能力较强，能够有效弥补养殖户自身人力资本和物质资本的不足，在配合高自然资本的情况下，能够实现母牛养殖规模的扩大。"活牛贷款"区别于普通的商业贷款，具有惠民性质，贷款利率较低，提高养殖户金融资本水平的同时，又不会因为还款压力的增加，降低养殖户母牛养殖的积极性。这也反映出在实施金融支持时，需要对支持方式进行合理规划，实现"精准支持"。

构型 c——人力资本和自然资本支持下的母牛养殖规模提升路径。该构型解释为，在高物质资本和高社会资本分别作为核心和辅助因果条件缺失时，养殖主体可以通过高人力资本和高自然资本扩大母牛养殖规模。以下为该构型（即构型 c）的代表性案例：

我养牛有 10 多年了，棚圈设施都比不了现在新建的，但是我养殖经验丰富，我自己也懂点兽医的知识，我主要养母牛，我自己配料，母牛的营养也能保证。我没有加入合作社，平时和同类型养殖场户交流的也不多，我比较相信我自己，都是我自己摸索的经验。养母牛我觉得最主要的限制因素就是饲草，母牛养到生犊牛，再到犊牛卖出去，饲料成本太高了，自己没有土地，光靠买饲草料就不划算了。我家承包的土地我都种了玉米，我还租了村里外出打工农户的土地，租金也不贵，正好种养结合，节省我的养殖成本，我能多养几头母牛。下一步我打算再多种点玉米，扩大母牛养殖规模。（资料来源：养殖场 B33 的访谈）

从以上案例可以看出，该养殖户不具备高物质资本和高社会资本，棚圈设施等较为陈旧，也没有加入社会组织，并且通过社会网络进行学习交流的频率也较低。但是该养殖户具有丰富的养殖经验，养殖年限较长，并且具备母牛养殖所需的高自然资本，依靠自身养殖经验能够做好母牛养殖管理，同时通过种养结合降低了饲喂成本，实现了母牛养殖规模的扩大。是典型的符合高人力资本配合高自然资本支持下的母牛养殖规模提升路径。

构型 d——人力资本和金融资本辅之以一定的社会资本支持下的母牛养殖规模提升路径。该构型解释为，在高自然资本作为核心因果条件缺失时，养殖主体可以通过高人力资本和高金融资本，辅以一定的社会资本来获得母牛高养殖规模。以下为该构型（即构型 d）的代表性案例：

> 我是大专毕业后来养牛的，我自己没有地，养母牛周期长，饲喂成本太高了，一开始没打算养母牛。后来正好赶上县里鼓励龙头企业带动农户一起发展肉牛产业，开始实施"赊销母牛"的模式，企业会垫付一部分赊销款，母牛生了牛犊以后，公犊还能由公司按市场价收回或者抵扣赊销款。还推出了针对母牛的保险，我们出一部分钱，政府出一部分钱，一旦母牛死亡，我们还能通过保险弥补一点损失。我通过这种方式赊了母牛，喊我弟弟他们一起来和我养母牛，我经常学习一些养殖的新方法，比传统养牛更注重牛的生活环境和舒适度，我的牛品质很高，这几年赚了钱，我们的牛越养越好，规模也越来越大，只要勤快，只赚不赔。（资料来源：养殖场 B14 的访谈）

从以上案例可以看出，该养殖户受教育程度较高，对养殖技能的学习和掌握程度较好，能够提升生产效率，家庭劳动力也较为丰富，总体上符合高人力资本的特征，但是高自然资本作为核心因果条件缺失。养殖户通过赊销母牛及购买母牛养殖保险等方式提高金融资本，

通过高人力资本和高金融资本的配合，再辅之一定的社会资本支持，
实现了母牛养殖规模的扩大。

7.3.3　进一步讨论

本书的构型建立是基于具体情境和养殖主体所面临的不同环境的
优化路径和情景分析。鉴于现实情况的多样性和复杂性，选择了具有
较高覆盖率的核心构型作为研究重点。根据 4 种不同的目标集合构
型，我们发现人力资本在构型 c 和构型 d 中发挥了核心作用，并与其
他条件共同作用，形成实现高母牛养殖规模的等效路径。在构型 a 和
构型 c 中，自然资本发挥了核心作用，并与其他条件共同组合形成提
升母牛养殖规模的等效路径；金融资本在构型 b 和构型 d 中发挥了核心
作用，并与其他条件共同组合形成实现高母牛养殖规模的等效路径。结
合前面对生计资本对母牛养殖决策的行为影响的分析，可以看出人力资
本、自然资本和金融资本是影响养殖户的母牛养殖决策行为的重要因素，
在养殖户其他生计资本条件缺失的情况下，可以通过优化和提高人力资
本、自然资本或金融资本水平，在与其他条件共同组合的情况下实现母
牛养殖规模的扩大。本书的主要目的是找出影响养殖户母牛养殖决策行
为的重要生计资本因素，从而为扩大我国母牛存栏量提供政策调整的重
要抓手，通过以上路径的分析，可以看出针对母牛养殖规模的提升，
政策可以重点从人力资本、自然资本和金融资本等方面发力。

7.4　稳健性检验

为了确保 fsQCA 得到的结果具有可靠性和稳健性，需要进行稳健

性检验。集合论特定检验方法是一种常用的方法之一，它可以通过调整一致性门槛来减轻参数设定对结果的影响。具体而言，该方法可以使用不同的一致性门槛来生成路径组合，以检验结果是否稳健。参考已有研究的基础上，将一致性门槛的阈值由 0.75 替换成 0.8 进行检验（张明等，2019）。调整一致性门槛意味着使用一个更严格的一致性门槛来生成路径组合，即只选择那些具有更高一致性水平的路径组合，可以帮助识别结果中的噪声和不稳定性，并提高结果的可靠性和稳健性。提高一致性阈值，并进行标准程序后，结果如表 7 - 4 所示，可以看出除构型 d 由于提高一致性阈值导致分析数据发生微小变化外，核心条件均与原有研究无异，结果的解释上并没有发生本质变化。因此，可以证明在采用 fsQCA 得到的结果均是稳健的，获得的主要构型是可信的。

表 7 - 4 稳健性检验结果

构型结果	母牛养殖规模			
	构型 a	构型 b	构型 c	构型 d
高人力资本	⊗	⊗	●	●
高物质资本		⊗	⊗	
高自然资本	●	•	●	⊗
高金融资本		●		●
高社会资本	●		⊗	
高心理资本	•			
一致率（Consistency）	0.7304	0.7061	0.7937	0.7065
覆盖率（Raw Coverage）	0.4363	0.4131	0.6008	0.6198
净覆盖率（Unique Coverage）	0.2255	0.1217	0.2340	0.1127
总体覆盖率（Overall Solution Coverage）	0.7112			

续表

构型结果	母牛养殖规模			
	构型 a	构型 b	构型 c	构型 d
总体一致率 （Overall Solution Consistency）	0.9015			

注：●表示核心因果条件变量存在，•表示辅助因果条件变量存在，⊗表示核心因果条件变量缺席，⊗表示辅助因果条件缺席，"空白"表示此构型中该条件变量可存在，也可不存在。

资料来源：表中信息根据 fsQCA 结果整理所得。

7.5 本章小结

本章立足组态理论视角，基于前面计量经济分析和数据基础以及实证检验结果，采用定性比较分析法并结合具体案例探讨生计资本组合影响母牛养殖规模提升的路径，得出三点结论。第一，存在 4 条母牛养殖规模提升的等效路径，分别为自然资本和社会资本结合心理资本的母牛养殖规模提升路径、金融资本配合自然资本的母牛养殖规模提升路径、人力资本和自然资本支持下的母牛养殖规模提升路径、人力资本和金融资本辅之以一定的社会资本的母牛养殖规模提升路径。第二，人力资本、自然资本和金融资本分别在 2 个高养殖规模的构型（构型 c、d；构型 a、c；构型 b、d）中发挥了核心作用，并与其他条件共同组合形成提升母牛养殖规模的等效路径。第三，结合具体案例和实证分析，可以看出人力资本、自然资本和金融资本是影响养殖户的母牛养殖决策行为的重要因素，在养殖户其他生计资本条件缺失的情况下，可以通过提高人力资本、自然资本或金融资本，在与其他条件共同组合的情况下实现母牛养殖规模的扩大。因此针对母牛养殖规模的提升，政策可以重点从人力资本、自然资本和金融资本等方面发力。

第 8 章
CHAPTER 8

结论、政策建议及展望

本书针对当前我国肉牛产业面临的母牛存栏量不足、牛源短缺等问题，以提高肉牛养殖户母牛养殖积极性为研究导向，运用熵值法、耦合协调度模型、双栏回归模型、二元 Probit 模型、条件混合过程估计 CMP 方法等多种计量经济学分析方法，从生计资本水平、结构、耦合协调度等多角度实证分析了生计资本对养殖户是否养殖母牛、母牛养殖规模以及母牛养殖主推技术采纳等决策行为的影响，并探究了提升养殖户母牛养殖积极性的可行路径。本章在总结前面章节主要研究结论的基础上，得到相关政策启示，并对未来研究作出展望。

8.1 主要研究结论

第一，当前我国肉牛养殖户生计资本的水平和耦合协调度整体较低，不同区域间存在显著差异。我国肉牛养殖户生计资本均值为0.2162，整体处于较低水平。生计资本各维度中，人力资本和自然资本相对较为丰富，物质资本和社会资本较为匮乏。西北产区近年来肉

168

牛产业发展迅速，形成了较好的养殖氛围，产业组织化、机械化程度都较高，养殖户生计资本综合值最高，物质资本和社会资本处于四个产区的较高水平。西南地区受自然条件限制，土地资源相对较差，大面积连片土地较少，饲草料等自然资本有待进一步开发，肉牛养殖户生计资本综合值相对较低。当前养殖户生计资本耦合协调度大多处于中度失调阶段，说明生计资本各维度之间没有形成良好的互动关系，生计资本耦合协调度有待提高。

第二，不同模式养殖户的生计资本水平存在差异，全程自繁自育户生计资本水平较高。四种养殖模式中全程自繁自育户参与肉牛养殖的全过程，需要大量的人力、物力、金融等生计资本的支持，因此养殖户生计资本水平普遍较高；育肥＋繁育混养户通常养殖规模较小，育肥环节和繁育环节都无法形成一定规模，生计资本综合值在四种养殖模式中最低。不同模式养殖户的生计资本综合值具体排序为全程自繁自育户＞专业育肥户＞专业繁育户＞育肥＋繁育混养户。

第三，提高养殖户生计资本水平，改善各维度生计资本间的耦合协调度，有利于养殖户从事母牛养殖。生计资本水平对是否养殖母牛决策行为有显著的正向影响，但生计资本各维度的作用存在差异。其中，金融资本对是否养殖母牛决策行为具有显著的负向影响，主要是由于金融资本丰富的养殖户出于资金周转考虑，往往不愿意进入母牛养殖环节。其余各维度生计资本中，人力资本和自然资本对养殖户从事母牛养殖有显著的促进作用。从生计资本结构看，人力资本和自然资本占优型结构的养殖户选择养殖母牛的概率更高。生计资本耦合协调度对是否养殖母牛具有显著的正向影响，主要是由于耦合协调度高表明养殖户各项生计资本能够形成良性互动，提高资源的配置效率，越能促进养殖户做出养殖母牛的决策。

第四，人力、自然、物质和金融资本是影响母牛养殖规模的主要因素，母牛养殖补贴政策会在生计资本对母牛养殖规模影响中产生正向的调节作用。生计资本各维度中人力、自然、物质和金融资本显著正向影响母牛养殖规模决策行为。反映出当养殖户从事母牛养殖后，人力、自然、物质、金融资本越丰富的养殖户，成本支付能力和风险承担能力越强，越有利于扩大母牛养殖规模。母牛养殖补贴与生计资本的交互项回归系数为 0.010，并且通过了 5% 水平上的显著性检验。表明母牛养殖补贴能够放大生计资本对母牛养殖规模的正向影响，即母牛养殖补贴的金额越高，养殖户生计资本提升时，越倾向于扩大母牛养殖规模。

第五，技术感知在生计资本与养殖户技术采纳意愿之间发挥中介效应，社会资本是影响养殖户技术采纳意愿的重要因素。养殖户生计资本水平的提升对于其母牛养殖主推技术采纳意愿具有正向促进作用。技术有用性感知和技术易用性感知在生计资本对养殖户技术采纳意愿的影响中起着重要的中介作用。当养殖户认为该技术能够为其带来实际效益且易于掌握时，其采纳该技术的意愿会相应地提高。生计资本各维度对技术采纳意愿的影响排序为：社会资本 > 物质资本 > 金融资本 > 心理资本 > 人力资本 > 自然资本。这表明社会资本在技术传播中扮演着重要角色，是影响养殖户技术采纳意愿的一个重要因素。

第六，生计资本水平的提升对养殖户的技术采纳行为有促进作用，金融资本占优型结构有利于养殖户最终采纳相关技术。养殖户生计资本水平对母牛养殖主推技术的采纳行为有正向影响，生计资本各维度中，金融资本对母牛养殖各项主推技术的采纳均具有显著的正向影响，而自然资本和心理资本仅对粪污资源化利用技术的采纳具有显著的正向影响。主要是由于自然资本越丰富的养殖户对自然资源的可持续利用越重视，会促进养殖户采纳粪污资源化利用技术。粪污资源化利用技术需要投资建设中大型粪污处理设施，有可能面临亏损的风险，需要养殖户具有较强的心理资本，对产业的长期发展持乐观态度才会采纳相关技术。生计资本结构中金融资本占优型结构对母牛养殖相关技术的最终采纳有显著的正向影响，反映出当养殖户具有充足的金融资本时，更愿意尝试和采用多种技术提升生产效率，同时金融资本占优也意味着养殖户能够承担相应的技术采纳的成本，具备更好的技术采纳能力。

第七，基于组态视角分析，促进母牛养殖规模扩大存在多条等效路径。生计资本各维度的不同组合对于提升母牛养殖规模具有不同的作用。结合案例分析发现，当前提升我国母牛养殖规模存在 4 条等效路径，分别为自然资本和社会资本结合心理资本的母牛养殖规模提升路径、金融资本配合自然资本的母牛养殖规模提升路径、人力资本和自然资本支持下的母牛养殖规模提升路径、人力资本和金融资本辅之以一定的社会资本的母牛养殖规模提升路径。这 4 条路径中，人力资本、自然资本和金融资本在多条路径中都发挥了核心作用，并与其他条件共同组合形成提升母牛养殖规模的等效路径。表明在某项或多项核心生计资本条件缺失的情况下，养殖户能够依靠其他生计资本组合实现母牛养殖规模的扩大，这对于指导生产实践和制定产业政策具有一定的现实意义。在实际生产中很难实现各项生计资本的同时提升，或同时达到较高水平，此时依靠关键生计资本的提升，也可以实现母牛养殖规模的扩大，保障肉牛产业发展的核心基础不被动摇。

8.2　政　策　建　议

8.2.1　创新金融工具，加大母牛养殖的金融支持力度

养殖母牛需要一次性投入大量资金，且回收投资的速度较慢。在

正常的金融环境下，贷款额较高的养殖户受到还款压力的限制，通常会选择专业的育肥模式，以便能够更快地回收资金。此外，当养殖户拥有较高的金融资本时，母牛养殖带来的收益无法对其形成吸引，养殖户可能会选择"见效快"的育肥模式。这启示我们既要提高对养殖户的金融支持，同时也要避免因支持方式的偏误，反而降低养殖户养殖母牛的积极性。因此需要创新金融工具，为养殖户母牛养殖提供灵活多样的金融支持。例如设立母牛养殖专项贷款，贷款用途仅用于养殖户购买母牛，与传统贷款不同的是，在还款期限上可以与母牛的生产周期相匹配，降低养殖户的借款压力。或者开展母牛质押贷款，养殖户可以将自己的母牛质押给金融机构，从而获得一定金额的贷款，当母牛产出牛犊或者卖出时，养殖户就可以用收益来还款。也可以通过开发母牛养殖保险产品，为母牛提供疾病和意外损失的保险，帮助养殖户降低风险和经济损失。此外，也可以通过融资租赁的方式对母牛养殖进行金融支持，养殖户可以通过租赁母牛和养殖设备等，开展母牛养殖。这些创新金融工具可以为母牛养殖提供更加灵活和多样化的金融支持，帮助养殖户更好地开展母牛养殖业务，提升养殖户养殖母牛的积极性，降低母牛养殖业的资金障碍。

8.2.2 多途径开发各类饲草料资源，提升母牛养殖的饲草料保障能力

母牛养殖需要一定的自然资本为前提。当前影响母牛养殖的最重要的自然资本就是饲草料资源，鉴于当前我国土地资源有限，在优先保障种粮用地的大背景下，不能大幅增加种植饲料作物面积，只有通过多途径开发饲草料资源，提升饲草料保障能力才能有效提升养殖户养殖母牛的积极性。第一，要提升现有草地资源的生产力，采取适当

的管理措施，例如合理灌溉、施肥、补播改良等，提高草地的生产力，增加草地的产草量。第二，要开发新的草地资源，对于荒地、沼泽、冬闲田等资源进行开垦、改良和开发利用，也可以通过林下种草养牛等手段，增加草地资源的供给。第三，对农业副产品、农田秸秆等资源进行适当加工处理后用作饲料，减少浪费，提高资源利用效率。第四，鼓励和支持养殖户采用先进的绿色养殖技术，如生态循环养殖等，减少污染排放，保障自然资本的可持续利用，积极引导种草养牛，实现养殖主体内或区域内的种养结合。

8.2.3　重视社会资本的培育与维护，提高养殖户对母牛养殖技术的认知

社会资本包括社会中形成的各种关系网络、信任、合作等资源。在技术传播过程中，社会资本可以促进人与人之间的信任与合作，加速知识共享，整合各种资源，从而更好地推广和应用技术，因此必须注重养殖户社会资本的培育与维护。一方面，可以鼓励养殖户、肉牛企业和其他相关机构组成非政府、非营利性的组织，这些组织可以通过开展技术培训、信息交流、市场推广、政策倡导等活动，为肉牛生产和经营提供支持和指导，促进行业的健康发展。同时，他们还可以为政府部门提供反馈意见，参与制定相关政策和标准，维护肉牛产业的合法权益。另一方面，应充分利用农村广播、电视和网络等媒介大力宣传母牛养殖综合效益的稳定性及母牛养殖相关技术的效果和优点，在养殖户群体中形成良好的舆论氛围。政府可以通过补贴的形式，为养殖户提供学习母牛养殖相关技术的资金支持，使得更多的养殖户能够进入职业院校进行系统地学习，这不仅有利于提高养殖户的技术水平和养殖技术的采纳率，还有助于增加农村就业机会和提升农

村居民的生活质量。

8.2.4 加强母牛养殖主推技术的指导与培训，提高养殖户人力资本水平

母牛养殖科学理念和相关技术的采纳有利于养殖户提高母牛生产效率，减少母牛养殖损失的风险，最终有利于母牛养殖的稳定发展。当前，我国农业技术推广服务体系有待进一步完善，基层技术推广部门人手不够、资金不足成为制约农业技术落地的"最后一公里"。首先，建议整合各渠道资金资源，支持技术推广部门顺利开展推广工作，保障母牛养殖的科学理念及相关技术的宣传经费和示范基地建设经费等。其次，提高农技推广人员的素质，使其切实指导养殖户利用母牛养殖相关技术实现技术效率最大化的效果。同时，为了确保养殖场户在采纳母牛养殖相关技术时能够得到充分的支持和帮助，需要提升技术推广的后期跟踪服务质量。在技术推广手段上，应当充分利用现代科技手段，例如，可以开发技术推广线上平台，或通过微信、短视频等媒体手段。最后，还要发挥企业和科研机构在技术推广中的重要作用。可以通过政府购买服务的方式，聘请企业和科研机构的相关专家对母牛养殖相关技术进行指导和示范，让养殖户切实感受到母牛养殖相关技术的效果和作用。

8.2.5 科学设定肉牛产业补贴标准，加大母牛养殖政策扶持力度

当前肉牛产业支持政策通常会对肉牛养殖规模设置门槛标准，养殖户为了获得相应的补贴需要扩大肉牛养殖规模，而母牛养殖由于需

要精细化管理和一定的禀赋要求,不适宜大规模标准化养殖,因此养殖户往往会选择育肥为主的养殖方式。虽然政策设定的初衷是鼓励肉牛产业规模化发展,但是母牛养殖作为肉牛产业发展的基础,才是保障肉牛产业和牛肉供给稳定的重要因素。因此在政策设计时,不能一味鼓励大规模养殖,需要科学合理地设定补贴规则和补贴标准。例如,在补贴养殖户时,对其母牛养殖比例进行要求或对补贴资金的用途进行限制,保障一部分资金用于母牛养殖等,协调育肥牛与母牛养殖的结构,在保障牛源稳定的基础上,充分发展肉牛产业。母牛养殖的政策扶持力度仍然不足,国家层面的母牛养殖专项补贴政策几乎空白,仅有部分地方政府依托地方财政实施了"见犊补母"政策。调研过程中养殖户普遍呼吁"重启"国家层面的母牛养殖补贴政策。因此建议对原有"基础母牛扩群增量项目"进行完善和优化后继续实施。考虑到散户和小规模养殖户是母牛养殖的主力军,建议降低母牛养殖补贴的门槛标准,将散户、小规模养殖户纳入补贴范围,可以针对不同品种实行差异化补贴,以此稳定母牛的存栏量并提高母牛良种化饲养水平。

8.3 研究不足与未来展望

8.3.1 研究不足

本书从生计资本水平、结构、耦合协调度多角度对养殖户母牛养殖决策行为进行了分析,揭示生计资本对是否养殖母牛、母牛养殖规模以及母牛养殖技术采纳的影响,聚焦如何提高养殖户母牛养殖积极性开展了全面深入的研究。虽然在分析过程中，力求客观严谨和进一步深入，但由于数据资料和研究时间的限制，难免存在一定的不足之处。

首先，尽管本书尽可能从不同维度保证生计资本对养殖户母牛养殖决策行为影响的分析结果的准确性，但由于样本量有限且跨期时间较短，研究结果虽然具有一定的代表性，但不能完全反映全国各个区域养殖户的情况，可能个别区域具有特殊性，有待研究的进一步细化。

其次，由于研究时间有限，未能从动态角度考虑养殖户母牛养殖决策行为，例如养殖户母牛养殖等决策行为的动态变化受到生计资本怎样影响等。同时由于调研对象为肉牛养殖户，因此本书主要讨论了已经从事肉牛养殖的养殖户母牛养殖决策行为，对尚未从事肉牛养殖业的其他农户是否会进入母牛养殖业的决策行为未加探讨，这些都是后续研究中需要扩展和补充的。

最后，本书在模型设定和变量选取过程都尽可能规避模型设定或变量选取的偏误，以及由此导致的严重内生问题，但由于生计资本与生产决策间的相互关系是复杂多样的，难免存在一定的内生性问题。为了对模型的内生性进行讨论，本书选取了地区层面的变量作为工具变量进行讨论，验证了研究结果是可信的。但是由于严格意义上与误差项无关而与所替代的随机解释变量高度相关的工具变量选取存在一定的困难，本书选取的工具变量可能无法达到严格意义上的标准的工具变量，这也是本书的一个不足之处。

8.3.2　未来展望

在农业发展规模化的趋势下，小农户该何去何从，一直是学术界讨论的重要问题。农业强国建设离不开农民，小农户不应该被排除在农业现代化建设之外。类似于母牛养殖这类型的农业生产行为，为小农户找到了"出路"。母牛养殖区别于生猪、肉鸡等畜禽品种，繁殖周期长，一般为单胎生产，一旦存栏量下降严重，对牛源的影响难以在短时间内消除。因此既需要精细化养殖，又需要对养殖收益的回收周期具有耐心。这些特征使得母牛不适宜发展大规模养殖，也不适宜通过养殖企业进行养殖。而小农户可以依托自身生计资本开展母牛小规模养殖，这样既可以提高自身的收入水平，也为小农户参与农业现代化建设找到了可行途径。企业和农户各自发挥自身的优势，通过合理分工实现效率的提升。对这一问题及类似生产行为的深入研究，有利于探索出符合农业生产规律和中国特色的小农户发展道路。

基于以上考虑，在本书对生计资本与养殖户母牛养殖决策行为关系分析的基础上，仍能够进行多方面的拓展，主要包括以下三点。

第一，随着后续研究的进一步深入以及定点追踪监测数据和实地调查涵盖的区域、指标类型等数据进一步拓展、积累和丰富，能够对全国层面的养殖户进行更为细致的分析，形成更科学和具有普适性的研究结论。

第二，对养殖户母牛养殖决策行为的动态调整展开进一步研究。实际生产中，养殖户的养殖决策总是发展变化的，随着跟踪调研数据的丰富，形成跨期较长的数据样本，能够观察到养殖户母牛养殖决策的动态变化，对其展开深入研究，能够更加全面地分析养殖户母牛养殖的决策行为。

第三，探索其他相似生产行为的影响因素。马、骆驼等特色养殖品种以及母羊等，与母牛养殖行为具有一定的相似性，对这些畜禽品种的养殖行为研究，有助于拓展农户行为理论的研究范围，为特殊生产行为研究提供一定的借鉴和参考。

参 考 文 献

［1］安海燕，孙晓书．农业认知、生计资本与农户职业分化［J］．经济论坛，2020（5）：136－145．

［2］安士伟，樊新生．基于收入源的农户生计策略及其影响因素分析——以河南省为例［J］．经济经纬，2018，35（1）：29－34．

［3］白雪．农户视角下的生态治理政策效果评价研究［D］．兰州：兰州大学，2019．

［4］蔡键．不同资本禀赋下资金借贷对农业技术采纳的影响分析［J］．中国科技论坛，2013（10）：93－98，104．

［5］蔡荣，蔡书凯．农田灌溉设施建设的农户参与意愿及其影响因素——以安徽省巢湖市740户稻农为例［J］．资源科学，2013，35（8）：1661－1667．

［6］蔡仕茂．威宁县易地扶贫搬迁农户可持续生计评价及提升路径研究［D］．贵阳：贵州大学，2022．

［7］曹兵海．我国的肉牛产业及其发展展望［J］．饲料与畜牧，2012（5）：1．

［8］陈霏璐，李敏，冀昊，姚岚，晋蓓．草原生态补奖政策背景下牧户生计脆弱性评价及其影响因素研究［J］．中国草地学报，2022，44（8）：86－95．

［9］陈胜东．农户可持续性生计下移民搬迁扶贫政策实证研究

［D］．南昌：江西财经大学，2017．

［10］陈余玮．农户贷款供给非价格影响因素研究［D］．重庆：西南大学，2016．

［11］陈哲，李晓静，刘斐，夏显力．自然灾害冲击对农村家庭非农就业选择的影响［J］．西北农林科技大学学报（社会科学版），2020，20（2）：104－110．

［12］崔亚兰．生计资本对精准扶贫小额信贷违约影响及次序性研究［D］．杨凌：西北农林科技大学，2019．

［13］翟彬，梁流涛．基于可持续生计的农村反贫困研究——以甘肃省天水贫困地区为例［J］．农村经济，2015（5）：55－60．

［14］丁文强，李平，尹燕亭，侯向阳．可持续生计视角下中国北方草原区牧户脆弱性评价研究［J］．草业学报，2017，26（8）：1－11．

［15］窦明宸．可持续生计下山西省平定县农户返贫阻断机制研究［D］．长春：吉林农业大学，2022．

［16］杜巍，顾东东，王琦，郭玉．就地就近城镇化背景下农民工生计资本的测算与分析［J］．西安交通大学学报（社会科学版），2018，38（2）：60－68．

［17］樊新宇．榆林市生猪价格波动与养殖规模关联关系实证研究［D］．成都：西南交通大学，2015．

［18］方婷．政策环境与社会资本对农民合作行为的影响机制研究［D］．南昌：南昌大学，2022．

［19］方袁意如，王胜男．黑龙江农户玉米生产决策分析及建议［J］．农业展望，2021，17（9）：96－102．

［20］菲菲，康晓虹．禁牧与非禁牧牧户生计资本的对比分析——基于内蒙古牧区的调查数据［J］．内蒙古财经大学学报，2019，17

（2）：27 - 30.

[21] 冯敏. 桂林龙脊平安壮寨与大寨瑶寨脱贫农户可持续生计研究 [D]. 桂林：桂林理工大学，2019.

[22] 高海秀，王明利. 生产与市场严重错位下的肉牛养殖：成因及路径选择 [J]. 农业经济与管理，2019（4）：45 - 52.

[23] 高海秀，王明利. 我国肉牛生产成本收益及国际竞争力研究 [J]. 价格理论与实践，2018（3）：75 - 78.

[24] 阎小操，陈绍军. 重启与激活：后扶贫时代易地搬迁移民生计转型与发展研究——以新疆 W 县 P 村为例 [J]. 干旱区资源与环境，2021，35（5）：15 - 21.

[25] 郭秀丽，周立华，陈勇，赵敏敏. 生态政策作用下农户生计资本与生计策略的关系研究——以内蒙古自治区杭锦旗为例 [J]. 中国农业资源与区划，2018，39（11）：34 - 41.

[26] 何丹. 信用评级对农户信贷配给的影响研究 [D]. 厦门：厦门大学，2018.

[27] 侯国庆，马骥. 农户规模化养殖影响因素的差异分析——基于时间变化与规模结构视角 [J]. 哈尔滨工业大学学报（社会科学版），2016，18（5）：125 - 132.

[28] 胡江霞，文传浩，范云峰. 生计资本、生计风险评估与民族地区农村移民可持续生计——基于三峡库区石柱县的数据 [J]. 经济与管理，2018，32（5）：30 - 37.

[29] 胡雯，张锦华，陈昭玖. 小农户与大生产：农地规模与农业资本化——以农机作业服务为例 [J]. 农业技术经济，2019（6）：82 - 96.

[30] 胡宗潭. 生计资本视野下的生态脆弱区可持续发展研究 [D]. 福州：福建师范大学，2014.

[31] 华金晶，田艳丽．生计资本对牧户牲畜养殖规模决策的影响——以内蒙古锡林郭勒盟为例 [J]．饲料博览，2021（4）：42 - 48.

[32] 黄鑫．水源保护政策对农户生计策略影响研究 [D]．成都：西南财经大学，2020.

[33] 黄志刚，陈晓楠．生计资本对农户移民满意度影响分析——以陕西南部地区为例 [J]．干旱区资源与环境，2018 32（11）：47 - 52.

[34] 黄宗智．华北的小农经济与社会变迁 [M]．社会科学文献出版社，1985.

[35] 黄祖辉，王建英，陈志钢．非农就业、土地流转与土地细碎化对稻农技术效率的影响 [J]．中国农村经济，2014（11）：4 - 16.

[36] 纪红蕾，蔡银莺．生计资本异质对农户农地流转行为的影响——以武汉城市郊区的 516 户农民为例 [J]．长江流域资源与环境，2017，26（2）：220 - 226.

[37] 焦娜，郭其友．农户生计策略识别及其动态转型 [J]．华南农业大学学报（社会科学版），2020，19（2）：37 - 50.

[38] 介永庆．精准扶贫以来贫困山区农户的生计转型及其驱动因素 [D]．兰州：西北师范大学，2021.

[39] 靳乐山，胡振通．草原生态补偿政策与牧民的可能选择 [J]．改革，2017，249（11）：100 - 107.

[40] 久毛措，王暖．西藏农牧民家庭可持续生计资本与生计策略选择 [J]．开发研究，2019（2）：60 - 67.

[41] 黎洁，李树茁，费尔德曼．山区农户林业相关生计活动类型及影响因素 [J]．中国人口·资源与环境，2010 20（8）：8 - 16.

[42] 黎洁. 陕西安康移民搬迁农户的生计适应策略与适应力感知 [J]. 中国人口·资源与环境，2016，26 (9)：44-52.

[43] 李昌荣. 生计资本对农户信用的影响机制研究 [D]. 南昌：南昌大学，2015.

[44] 李丹，许娟，付静. 民族地区水库移民可持续生计资本及其生计策略关系研究 [J]. 中国地质大学学报 (社会科学版)，2015，15 (1)：51-57.

[45] 李广东，邱道持，王利平，王平，骆东奇. 生计资产差异对农户耕地保护补偿模式选择的影响——渝西方山丘陵不同地带样点村的实证分析 [J]. 地理学报，2012，67 (4)：504-515.

[46] 李健瑜，陈晓楠. 可持续生计视域下生态移民工程效果探析——基于陕南599份农户问卷的实证分析 [J]. 干旱区资源与环境，2018，32 (12)：41-48.

[47] 李靖，廖和平. 区域贫困农户生计能力与生态环境的关系——以重庆市16个区县为例 [J]. 中国农业资源与区划，2018，39 (9)：175-182.

[48] 李立达. 农业保险的减贫效应研究 [D]. 天津：南开大学，2022.

[49] 李琳森，张旭锐. 林农生计资本对林地利用方式的影响研究 [J]. 林业经济问题，2019，39 (1)：38-44.

[50] 李首涵，杨萍，卢德成. 农业高质量发展评价指标体系研究——基于鲁苏浙3省的比较分析 [J]. 中国农业资源与区划，2023，44 (1)：66-74.

[51] 李双元，马蓁. 行为经济学视角下青海农牧民心理资本对巩固脱贫成果的影响研究 [J]. 青海社会科学，2022，258 (6)：61-70.

［52］李文.农户信用对农户借贷行为的影响分析［D］.杭州：杭州电子科技大学.2012.

［53］李文欢.社会资本对生猪养殖场户粪污资源化利用技术采纳的影响研究［D］.长春：吉林农业大学，2020.

［54］李鑫，张榆琴.大理市退耕还林农户可持续生计能力研究［J］.云南农业大学学报（社会科学），2019，13（1）：57-61.

［55］刘京京，王军.能繁母牛补贴政策满意度及其影响因素研究——基于农户视角［J］.黑龙江畜牧兽医，2019（16）：5-7，19.

［56］刘婧，郭圣乾.可持续生计资本对农户收入的影响：基于信息熵法的实证［J］.统计与决策，2012（17）：103-105，36.

［57］刘俊，张恒锦，金朦朦，李宁馨.旅游地农户生计资本评估与生计策略选择——以海螺沟景区为例［J］.自然资源学报，2019，34（8）：1735-1747.

［58］刘可，齐振宏，黄炜虹，叶孙红.资本禀赋异质性对农户生态生产行为的影响研究——基于水平和结构的双重视角分析［J］.中国人口·资源与环境，2019，29（2）：87-96.

［59］刘雅美.农地流转对农民生计多样化影响研究［D］.南京：南京农业大学，2019.

［60］刘尧.生态旅游视野下的可持续生计框架构建及应用研究［D］.北京：北京林业大学，2016.

［61］刘云晴.家庭生计资本对农户农地流转与生态耕种的影响与评价［D］.杨凌：西北农林科技大学，2020.

［62］陆五一，李祎雯，倪佳伟.关于可持续生计研究的文献综述［J］.中国集体经济，2011（3）：83-84.

［63］罗万云，戎铭倩，王福博，胡雪，孙慧.可持续生计视角下民族地区农户相对贫困多维度识别研究——以新疆和田市为例

[J]. 干旱区资源与环境, 2022, 36（6）: 15 – 24.

[64] 蒙吉军, 艾木入拉, 刘洋, 向芸芸. 农牧户可持续生计资产与生计策略的关系研究——以鄂尔多斯市乌审旗为例 [J]. 北京大学学报（自然科学版）, 2013, 49（2）: 321 – 328.

[65] 宁泽逵. 信息化对集中连片特困区农户可持续生计的影响 [J]. 西北农林科技大学学报（社会科学版）, 2017, 17（2）: 123 – 133.

[66] 潘洪刚, 王礼力. 基于"蛛网理论"的农产品市场风险成因与对策研究 [J]. 安徽农业科学, 2008, 36（3）: 1234 – 1235.

[67] 彭杨贺, 潘伟光, 李林. 水稻规模农户生产环节对机械化服务外包的选择 [J]. 浙江农林大学学报, 2019, 36（5）: 1006 – 1011.

[68] 乔张媛. 基于我国扶贫实践的自生能力与脱贫稳定性研究 [D]. 成都: 四川大学, 2022.

[69] 秦青, 马奔, 贺超, 温亚利. 基于生计资本的农户能源消费结构差异性研究——以陕、川、滇3省农户为例 [J]. 经济问题, 2017（8）: 78 – 82.

[70] 全国畜牧总站. 肉牛养殖主推技术 [J]. 中国畜牧业, 2013（21）: 54 – 58.

[71] 任天池, 唐丕菊, 彭志远, 褚力其. 欠发达地区农户兼业对其土地转出行为的影响——基于云南省558户农户的调查 [J]. 中国农业大学学报, 2018（7）: 205 – 216.

[72] 师学萍, 郝文渊, 何竹. 基于SLA分析框架的西藏农户生计资本分析——以尼洋河流域为例 [J]. 西藏大学学报（社会科学版）, 2016, 31（2）: 132 – 137.

[73] 司瑞石, 陆迁, 张淑霞, 张强强. 畜禽禁养政策对替代生计

策略与养殖户收入的影响 [J]. 资源科学, 2019, 41 (4): 643-654.

[74] 斯琴朝克图, 房艳刚, 王晗, 徐凯. 内蒙古半农半牧区农户生计资产与生计方式研究——以科右中旗双榆树嘎查为例 [J]. 地理科学, 2017, 37 (7): 1095-1103.

[75] 苏芳, 蒲欣冬, 徐中民, 王立安. 生计资本与生计策略关系研究——以张掖市甘州区为例 [J]. 中国人口·资源与环境, 2009, 19 (6): 119-125.

[76] 苏芳, 徐中民, 尚海洋. 可持续生计分析研究综述 [J]. 地球科学进展, 2009, 24 (1): 61-69.

[77] 孙贵艳. 基于多层次模型的甘肃秦巴山区农户生计多样化研究 [J]. 中国农业资源与区划, 2018, 39 (10): 177-183.

[78] 汤颖梅. 基于非农就业视角的农户生猪生产决策研究 [D]. 南京: 南京农业大学, 2012.

[79] 唐林, 罗小锋. 贫困地区农户生计资本对大病风险冲击的影响研究——基于结构和水平的双重视角 [J]. 华中农业大学学报 (社会科学版), 2020 (2): 49-58, 164.

[80] 唐禹. 喀斯特地区耕地功能与农户生计资本评价及其相互关系研究 [D]. 长沙: 湖南师范大学, 2019.

[81] 王川. 我国农产品市场风险的成因、影响及对策研究 [J]. 经济纵横, 2009 (10): 72-75.

[82] 王丹丹, 甘淑, 张超, 孙冠华. 不同地形特征下云南沿边村寨农户生计研究 [J]. 云南地理环境研究, 2016, 25 (6): 41-47, 25.

[83] 王海春. 可持续生计资本对牧民收入影响研究 [D]. 呼和浩特: 内蒙古农业大学, 2017.

[84] 王佳欢. 农户母牛养殖规模及其影响因素研究 [D]. 长

春：吉林农业大学，2017.

[85] 王晶，吕新业，吕开宇. 数字金融使用对农户生计多样化的影响研究 [J]. 农村经济，2021（8）：62 - 71.

[86] 王明利，王济民，孟庆翔，乔娟. 肉牛产业加速下滑 急需出台扶持政策 [J]. 中国畜牧杂志，2008（10）：6 - 9.

[87] 王明利. 改革开放四十年我国畜牧业发展：成就、经验及未来趋势 [J]. 农业经济问题，2018（8）：60 - 70.

[88] 王明利. 中国肉牛产业发展规律及政策研究 [M]. 北京：中国农业出版社，2016.

[89] 王卫雯. 乡村人居环境与农户生计资本视角下土地流转行为及区域差异研究 [D]. 武汉：中国地质大学，2022.

[90] 王玉环. 中国畜产品质量安全供给研究 [D]. 杨凌：西北农林科技大学，2006.

[91] 韦惠兰，罗万云. 生计禀赋、环境感知与干旱区农民搬迁意愿——基于甘肃省14县市农户调查数据 [J]. 干旱区资源与环境，2019，33（2）：75 - 82，35.

[92] 乌云花，苏日娜，许黎莉，杨志坚，王明利. 牧民生计资本与生计策略关系研究——以内蒙古锡林浩特市和西乌珠穆沁旗为例 [J]. 农业技术经济，2017，267（7）：71 - 77.

[93] 吴孔森，杨新军，尹莎. 环境变化影响下农户生计选择与可持续性研究——以民勤绿洲社区为例 [J]. 经济地理，2016，36（9）：141 - 149.

[94] 吴乐，靳乐山. 生态补偿扶贫背景下农户生计资本影响因素研究 [J]. 华中农业大学学报（社会科学版），2018，（6）：55 - 61，153 - 154.

[95] 吴舒，穆月英. 中间商介入的蔬菜流通模式选择及影响因

素分析 [J]. 经济问题, 2017 (12): 99 - 105, 20.

　　[96] 吴雄周, 金惠双. 生计资本视角下农户生计策略变动及影响因素研究——基于 CFPS 四期追踪数据 [J]. 农业现代化研究: 2021, 42 (5): 941 - 952.

　　[97] 吴园庭雁, 杨君. 农户生计策略演变及其对农地利用的影响——基于湖南省 291 家农户的调查 [J]. 湖南农业大学学报 (社会科学版), 2017, 18 (2): 65 - 69.

　　[98] 向楠, 叶慧, 罗琦珊. 武陵山区贫困农户生计资本评估及政府对策探究——以湖南省桑植县沙塔坪乡为例 [J]. 安徽农业科学, 2015, 43 (8): 303 - 305, 341.

　　[99] 谢先雄, 李晓平, 赵敏娟, 史恒通. 资本禀赋如何影响牧民减畜——基于内蒙古 372 户牧民的实证考察 [J]. 资源科学, 2018, 40 (9): 1730 - 1741.

　　[100] 谢先雄, 赵敏娟, 蔡瑜. 生计资本对牧民减畜意愿的影响分析——基于内蒙古 372 户牧民的微观实证 [J]. 干旱区资源与环境, 2019, 33 (6): 55 - 62.

　　[101] 谢贤鑫, 刘洋洋, 陈美球, 袁东波, 廖小斌, 姚冬莲. 生计资本对农户生态耕种采纳度的影响——以江西省为例 [J]. 水土保持研究, 2019, 26 (3): 293 - 299, 304.

　　[102] 徐恢仲, 廖丹, 熊廷奎, 曾尚明. 肉牛养殖经济效益调查分析与养殖适度规模的探讨 [J]. 畜牧市场, 2004 (8): 22 - 24.

　　[103] 徐欣, 胡俞越, 韩杨, 王沈南. 农户对市场风险与农产品期货的认知及其影响因素分析: 基于 5 省 (市) 328 份农户问卷调查 [J]. 中国农村经济, 2010 (7): 47 - 55.

　　[104] 许斌. 肉牛养殖主推技术要 [J]. 新疆畜牧业, 2014 (9): 40 - 41.

[105] 许汉石，乐章．生计资本、生计风险与农户的生计策略 [J]．农业经济问题，2012（10）：100 - 105.

[106] 颜燕芬，郑逸芳．生计资本对农民生计策略选择的影响 [J]．科技和产业，2022，22（11）：107 - 112.

[107] 杨朔，雷小雨，赵国平．秦岭国家公园社区社会资本对农户参与生态环境保护意愿的影响 [J]．统计与信息论坛，2021，36（12）：71 - 79.

[108] 杨思宇，杨江华．生计资本对农户参与村庄环境治理意愿的影响研究——基于水平与结构的双重视角分析 [J]．南京工业大学学报（社会科学版），2022，21（3）：34 - 47，115.

[109] 杨云彦，赵锋．可持续生计分析框架下农户生计资本的调查与分析——以南水北调（中线）工程库区为例 [J]．农业经济问题，2009（3）：58 - 65，111.

[110] 杨志海．老龄化、社会网络与农户绿色生产技术采纳行为：来自长江流域六省农户数据的验证 [J]．中国农村观察，2018（4）：44 - 58.

[111] 姚增福，刘欣．要素禀赋结构升级、异质性人力资本与农业环境效率 [J]．人口与经济，2018（2）：37 - 47.

[112] 叶金芝．可持续生计框架下山区居民生计资本研究 [D]．合肥：安徽农业大学，2003.

[113] 袁梁，张光强，霍学喜．生态补偿、生计资本对居民可持续生计影响研究：以陕西省国家重点生态功能区为例 [J]．经济地理，2017，37（10）：188 - 196，34.

[114] 袁梁．生态补偿政策、生计资本对可持续生计的影响研究 [D]．杨凌：西北农林科技大学，2018.

[115] 臧萌，单昆，李圣军．市场经济条件下农产品卖难问题

的经济学分析 [J]. 青岛农业大学学报：社会科学版，2009，21
(4)：21 – 25.

[116] 张德生，胡祎. 农户生产决策权转移意愿及影响因素研
究——基于攀枝花市芒果种植户的调查 [J]. 热带农业科学，2016，
36 (12)：111 – 116.

[117] 张吉岗，韩玮，杨红娟. 扶贫效果、农户特征对生计策
略选择的影响 [J]. 中国农业资源与区划，2021，42 (9)：99 –
109.

[118] 张婕，付晓. 乡村振兴背景下农户心理资本与脱贫动力
实证研究 [J]. 山东农业工程学院学报，2021，38 (10)：7 – 12.

[119] 张峻豪，何家军. 能力再造：可持续生计的能力范式及
其理论建构 [J]. 湖北社会科学，2014 (9)：41 – 47.

[120] 张明，杜运周. 组织与管理研究中 QCA 方法的应用：定
位、策略和方向 [J]. 管理学报，2019，16 (9)：1312 – 1323.

[121] 张庆红，靳园园. 南疆四地州脱贫户生计资本对生计策
略的影响 [J]. 河南科技学院学报，2022，42 (11)：11 – 18.

[122] 张童朝，颜廷武，何可，张俊飚. 资本禀赋对农户绿色
生产投资意愿的影响——以秸秆还田为例 [J]. 中国人口·资源与环
境，2017，27 (8)：78 – 89.

[123] 张旭锐. 生计资本对农户林地利用及收入的影响研究
[D]. 杨凌：西北农林科技大学，2020.

[124] 张焱，冯璐，李勃. 云南茶种植农户生产决策方式及影
响因素分析 [J]. 中国商论，2020，818 (19)：162 – 163.

[125] 张园园，孙世民，王仁强. 生猪养殖规模化主体行为意
愿的影响因素——基于 Probit – ISM 分析方法的实证研究 [J]. 技术
经济，2015，34 (1)：95 – 100，124.

［126］张越杰，曹建民，田露．新时期我国肉牛养殖业的困境解析与发展研究［J］.农业经济问题，2010，31（12）：75－79.

［127］张志敏．退耕还林（草）政策对宁夏农牧交错区农户生计的影响［D］.银川：宁夏大学，2022.

［128］张宗毅，曹光乔．农户油菜种植及油菜生产机械化需求意愿实证研究［J］.江西农业大学学报（社会科学版），2011，10（2）：16－24.

［129］赵恬．生计资本对农户贷款行为的影响研究［D］.杨凌：西北农林科技大学，2021.

［130］赵文娟，杨世龙，王潇．基于 Logistic 回归模型的生计资本与生计策略研究云南新平县干热河谷傣族地区为例［J］.资源科学，2016，38（1）：136－143.

［131］钟亚琪．农户生计策略选择影响因素分析［D］.武汉：中南财经政法大学，2019.

［132］周丽，黎红梅，李培．易地扶贫搬迁农户生计资本对生计策略选择的影响——基于湖南搬迁农户的调查［J］.经济地理，2020，40（11）：167－175.

［133］周荣柱，秦富．农户市场风险规避能力及其影响因素分析：基于8省1047份蛋鸡养殖户问卷调查［J］.中国农业大学学报，2018，23（2）：182－191.

［134］周杨．大豆生产者补贴政策改革与农户生产行为响应研究［D］.长春：吉林农业大学．2021.

［135］朱文冲．农业保险政策对粮食安全的影响研究［D］.天津：南开大学．2022.

［136］AHEARN，M C. The impact of environmental variability on cow-calf production decisions［J］. Journal of Agricultural and Applied Economics, 2005, 37 (3): 609 – 622.

[137] AMARE M, SIMANE B, TAFESSE M, LEGESSE G. Contribution of small-scale dairy farming to the livelihoods of farmers in Arsi Zone, Oromia Regional State, Ethiopia [J]. International Journal of Livestock Research, 2018, 8 (4): 75 – 84.

[138] AMARTYA SEN. Poverty and Famines: An essay on entitlement and deprivation [M]. Oxford University Press, 1981.

[139] ASHLEY C, HUSSEIN K. Developing methodologies for livelihood impact assessment: experience of the african wildlife foundation in East Africa London [R]. UK: Overseas Development Institute, 2000.

[140] ASHOK K MISHRA, BARRY K. Farm income variability and the supply of off-farm [J]. American Journal of Agriculture Economics, 1997, 79: 880 – 887.

[141] ASSEFA S, MEKONNEN H, ABEBE G. Contribution of small-scale poultry farming to rural livelihood improvement in Ethiopia [J]. World's Poultry Science Journal, 2017, 73 (2): 341 – 350.

[142] AYALEW W, ABEBE G, MEKONNEN H. Smallholder farmers' livelihood strategies and rural livelihood diversification: A case study from Ethiopia [J]. Journal of agriculture and rural development in the tropics and subtropics, 2018, 119 (1): 59 – 72.

[143] BAILEY. Political economy of the US cattle and beef industry: Innovation adoption and implications for the future [J]. Journal of Agricultural and Resource Economics, 2007, 32 (3): 403 – 416.

[144] BARUN A, BARHAN P, UDRY C. The rural-urban interface in less developed countries [J]. Journal of Economic Literature, 1979, 17 (2), 521 – 548.

［145］BARUN A, KAVALLARI A, VAN TONGEREN F. The role of production and consumption aspects in modeling agricultural households ［J］. Agricultural Economics, 2012, 43 (1): 87 - 100.

［146］BEBBINGTON A. Capitals and capabilities: A framework for analyzing peasant viability, rural livelihoods and poverty ［J］. World development, 1999, 27 (12): 2021 - 2044.

［147］BECKER. A theory of the allocation of time ［J］. The Economic Journal, 1965, (299): 493 - 517.

［148］BEZU S, HOLDEN S. Are rural youth in Ethiopia abandoning agriculture ［J］. World Development, 2014, 64: 259 - 272.

［149］CHAMBERS R, CONWAY G. Sustainable rural livelihoods: practical concepts for the 21st century ［R］. IDS Discussion Paper 296, Brighton: IDS, 1992.

［150］CHARLES C R. The Comparative Method: moving beyond qualitative and quantitative strategies ［M］. University of California Press, 1978.

［151］CHAYANOV A V. The theory of peasant economy (V. Popov, Trans.) ［M］. University of Wisconsin Press, 1986.

［152］CHO J, LEE J. An integrated model of risk and risk reducing strategies ［J］. Journal of Business Research, 2006, 59 (1): 112 - 120.

［153］COLEMAN J S. Foundations of social theory ［M］. Harvard University Press, 1990.

［154］COLEMAN J S. Social capital in the creation of human capital ［J］. American Journal of Sociology, 1998, 94: S95 - S120.

［155］COLLIER P. The political economy of ethnicity ［J］. Annual

World Bank Conference on Development Economics, 1998, 197: 245 –
271.

[156] COVELLO V T, PETER R G, WOJTECKI J G. Risk com-
munication, the West Nile virus epidemic, and bioterrorism: Responding
to the communication challenges posed by the intentional or unintentional re-
lease of a pathogen in an urban setting [J]. Journal of Urban Health,
2001, 78 (2): 382 – 391.

[157] CRAAG J G. Some statistical models for limited dependent var-
iables with application to the demand for durable goods [J]. Econometrica,
1971, 39 (5): 829 – 844.

[158] DE BRAUW. A., J. HUANG, S. ROZELLE, L. ZHANG,
Y. ZHANG. The Evolution of China's rural labor markets during the reform
[J]. Journal of Comparative Economics, 2008, 30: 329 – 353.

[159] DE JANVRY A, SADOULET E. World poverty and the role of
agricultural technology: Direct and indirect effects [J]. Journal of Devel-
opment Studies, 2002, 38 (4): 1 – 26.

[160] DELERY J. E., DOTY D. H. Modes of theorizing in strategic
human resource management: tests of universalistic, contingency, and
configurational performance predictions [J]. Academy of Management Jour-
nal, 1996, 39 (4): 802 – 835.

[161] DURLAUF S N, FAFCHAMPS M. Empirical studies of social
capital: A critical survey Social System [R]. Reseach Institute, Universi-
ty of Wisconsin, 2003.

[162] ELLIS F. Rural livelihoods and diversity in developing coun-
tries [M]. Oxford University Press, 2000.

[163] FAFCHAMPS, MARCEL, CHRISTOPHER UDRY, KATH-

RIN CZUKAS. Drought and saving in west Africa: Are livestock a buffer stock [J]. Journal of Development Economics, 1998, 55: 273 – 305.

[164] FISS P C. Building Better Causal Theories: A fuzzy set approach to typologies in organization research [J]. Academy of Management Journal, 2011, 54 (2): 393 – 420.

[165] GALLEANI G, VENTURINI L. Behavioral models in livestock systems: an application to Piedmontese farms [J]. Agricultural Systems, 2007, 93 (1 – 3): 19 – 36.

[166] GOLDSMITH R E. The strategic role of personal values in entrepreneurial leadership [J]. Journal of Business and Psychology, 1997, 12 (3): 341 – 358.

[167] HAUSMANN R, RODRIK D, VELASCO A. Growth diagnostics [R]. Harvard University, John F. Kennedy School of Government, Working Paper Series, 2005, 5 – 57.

[168] HAZEL LIM – APPLEGSTE, GIL RODRIGUEZ, ROSE OLFERT. Determinants of non-farm labour Participation rates among farmers in Australia [J]. The Australian Journal of Agricultural and Resource Economics, 2002 46 (1): 85 – 98.

[169] JIAO X, POULIOT M, WALELIGN S Z. Livelihood strategies and dynamics in rural Cambodia [J]. World Development, 2017, 97: 266 – 278.

[170] JOHN MC PEAK. Confronting the risk of asset loss: What role do livestock transfers in northern Kenya Play [J]. Journal of Development Economics, 2006, 81: 415 – 437.

[171] KARAMURA D, OSIRU M, SCHULTE G, NANYEENYA W, KARAMURA E, KASHARU A. The contribution of smallholder ba-

nana production to household income and food security in Uganda [J].
Food Security, 2016, 8 (6): 1143 – 1158.

[172] LAMBIN E F, BAULIES X, BOSKSTAEL N, et al. Land-
ude and Land-cover Change (LUCC): Implantation shategy [R]. Stock-
holm and Geneva: TGBP Report No. 48 and JHDP Report No. 10, 1999.

[173] LIM – APPLEGATE H. Risk management strategies in develo-
ping country agriculture [J]. Journal of International Development, 2002,
14 (4): 521 – 536.

[174] LIPTON M. The theory of the optimizing peasant [J]. The
Journal of Development Studies, 1968, 4 (3): 389 – 416.

[175] LUTHANS F, YOUSSEF C F, AVOLIO B J. Psychological
capital: Developing the human competitive edge [M]. Oxford University
Press, 2007.

[176] MASLOW A H. A theory of human motivation [J]. Psycho-
logical Review, 1943, 50 (4): 370 – 396.

[177] MUBAYA C P MAFONGOYA P. Local-level climate change
adaptation decision-making and livelihoods in semi-arid areas in Zimbabwe
[J]. Environment, Development and Sustainability, 2017, 19 (6):
2377 – 2403.

[178] NGUYEN T, DO T L, BUEHLER D. Rural livelihoods and
environmental resource dependence in Cambodia [J]. Ecological Econom-
ics, 2015, 120 (12) 282 – 295.

[179] ODERO K K. Information capital: 6th asset of sustainable
livelihood framewor [J]. Discovery and Innovation, 2006, 18 (2):
83 – 91.

[180] POLANYI K. The Great Transformation: The Political and

Economic Origins of Our Time [M]. Beacon Press, 1957.

[181] POPKIN S. The Rational Peasant: The Political Economy of Rural Society in Vietnam [M]. University of California Press, 1979.

[182] RAGIN C C. Fuzzy-set social science [M]. University of Chicago Press, 2000.

[183] RAGIN C C. Set Relations in Social Research: Evaluating their Consistency and Coverage [J]. Political Analysis, 2006, (14): 291 – 310.

[184] RAGIN C C. The Comparative Method: Moving Beyond Qualitative and Quantitative Strategies [M]. University of California Press, 2014.

[185] RAKODI C A. Capital assets framework for analyzing house hold livelihood strategies: Implications for policy [J]. Development policy review, 1999, 17 (3): 315 – 342.

[186] SAMUELSON P A. The "fallacy" of maximizing the geometric mean in long sequences of investing or gambling [J]. Proceedings of the National Academy of Sciences, 1971, 68 (10): 2493 – 2496.

[187] SCHULTZ T W. Transforming Traditional Agriculture [M]. Yale University Press, 1964.

[188] SCOONES I. Sustainable rural livelihoods: A framework for analysis [R]. IDS Working Paper 72, Brighton: IDS, 1998.

[189] SCOTT J C. The Moral Economy of the Peasant: Rebellion and Subsistence in Southeast Asia [M]. New Haren Yale University Press, 1976.

[190] SELIGMAN M E. Positive psychology [J]. Harvard Mental Health Letter, 2000, 16 (9): 1 – 3.

[191] SHARP K. Measuring destitution: integrating qualitative and

quantitative approaches in the analysis of survey data [R]. Institute of Development Stadies, 2003.

[192] VANSLEMBROUK I, VAN HUYLENBROECK G, VERBEKE W. Determinants of sustainable livestock farming: the case of pasture-based beef production in Belgium [J]. Animal, 2010, 4 (5): 717 - 725.

[193] VIAGGI D, BARTOLINI F, RAGGI M. Explaining farm level input allocation through the integration of farm and policy characteristics: A recursive model [J]. Agricultural Systems, 2011, 104 (5), 365 - 372.